新加坡真實罪案調查全紀錄

警界探長之死 × 四童冤殺案 × 人肉咖哩飯

新加坡社會多年懸而未決的疑案，至今真相不明！

Shocking mystery

驚天懸案

【獅城重案錄】

何盈 著

失蹤、謀殺、分屍、拐賣、槍擊……

兒童離奇失蹤、殘忍謀殺手法、跨國犯罪集團、警界黑幫糾葛……

新加坡歷年神祕刑案背後的驚悚真相與人性解析

目錄

目錄

自序
「罪話」說從頭

在新加坡採訪社會新聞，以犯罪和意外新聞為主，警務行動為輔，一般稱為「意外新聞組記者」（簡稱意外記者）。一些未歸類的奇聞趣事，亦毫不「意外」地歸意外記者負責。

打從60年代初期，我置身於「打家劫舍、殺人放火」的「黑暗世界」，遊走黑白兩道，混跡草根。聽過、採寫過以及編審過的刑案罪行和天災人禍，大大小小，難以計數。

高度的熱誠使我對所採訪的「社會」，有較深刻的了解，潛移默化，養成嫉惡如仇的個性，加深對因果循環的看法。對除暴安良，維護治安的警察，更是有著特殊的感情。

其實，每一起「意外新聞」，每一起刑事罪案，都可說是一齣人生寫照，揭露了人性的無知、貪婪、變態以及矛盾的犯罪心理與做案過程，映現了社會潛在的危機；哪怕是冰山一角，哪怕是「正史」沒「記載」，那些血淋淋的刑案的的確確發生過，那些慘兮兮的場面的的確確拉緊過大眾的神經。它們的存在，任誰也不能抹掉，永遠不能！

自序

《洗冤錄》、《包公案》、《施公案》等，是我對中西以及日本偵探故事和推理小說產生濃厚興趣的啟蒙讀物。馮夢龍的《喻世明言》、《警世通言》和《醒世恆言》，以及凌濛初的《一刻拍案驚奇》、《二刻拍案驚奇》對人性的描繪，更使我深感到：無論古今，無論中外，犯罪行動，無處不在。人性善惡，全憑一念；不分黑白，禍事難免；顛倒是非，悲劇必生。

天網恢恢，疏而不漏；犯罪下場，人人皆知；輕則身敗名裂，身陷牢房；重則妻離子散，家破人亡。

身為新聞記者，記錄周圍的人與事，那是本分和天職；談不上什麼厚重的價值，也很難深入表達什麼宏偉的觀點。唯一肯定的是，在處理這些文稿時，絕不歪曲事實之真相與過程。七成是親身現場採訪所得，其他是根據中西報章剪報、警方檔案、法庭訴狀以及《警察生活》月刊和年刊的特稿，篩選改寫而成。不少轟動一時的案件是大家所熟悉的；衷心希望能夠警醒世人，從中深思反省，得到一些啟示和警惕。

何盈

探長之死

退休探長達沙之死，在警方檔案中一直是懸而未決的無頭公案。本地警界是否有發生過警方人員遭昔日被捕者尋仇的案例？

答案是沒有，因為新加坡畢竟是法治社會。

達沙死時腳綁鐵線，腰纏輪軸，似乎是黑幫尋仇的「酷刑」，因為，很多年之後，香港廉政公署一起走私案的關鍵證人定居新加坡被殺，出現了類似的黑幫「酷刑」！

一

1963 年 8 月 20 日。

縷縷晨光，穿透雲層，像千萬尾銀魚在跳躍，然後翻身躍入直落亞逸盆地南部碼頭的海底。駁船如常忙碌的在海上穿梭，辛勤的勞工在船裡與岸上，開始了一天的營生。

四號碼頭的幾個工人，齊集岸邊，等待駁船的到來，他們都把目光投注在風平浪靜的海面。

海面忽然浮現了一個物體，幾個工人不約而同的「咦」了一聲。

那當然不是駁船，那是一具屍體！越漂越近岸邊，屍臭越來越濃烈。

工人不禁掩著鼻子，當中兩個感到噁心欲吐，三個目瞪口呆，另一個膽子較大的開口說：「趕快去報警！」

最先趕來的是港務局的警察，他們封鎖了現場，把好奇的圍觀者逐離 20 公尺之外。水警跟著到場，把屍體撈了上岸。

看來是起溺斃案。是意外失足？還是跳海自盡？

水警的尤索夫探員打量這具腫脹的屍體，早已高度腐爛。

死者是個男子，腐脹綻裂的皮膚，分辨不出是什麼種族。

死者穿白色上衣，淺藍色長褲，襪子還在，鞋子卻沒了，左腕戴著名牌金錶。

令尤索夫探員面色突變的是，死者雙腳被鐵絲緊縛，腰部也遭鐵絲纏繞，鐵絲還綁著兩個沉甸甸的鐵圈！

這顯然不是一起普通的溺斃案。尤索夫探員連忙通知刑事偵查局裡專門負責凶殺案的特別罪案調查組。楊溫明探長與法醫相繼到場，搜查線索與勘察屍體。

死者面目全非，頭髮光禿，屍體被海水腐浸脹爛的程度顯示，墜海的時間超過了 48 個小時。屍體沒顯著外傷，也沒有遭利器刺傷的痕跡。

死者的金錶已經扭曲，長短針並沒損壞，停在 8 時 42 分的位置。死者腰間的鐵絲已經解開，兩塊鐵圈證實是汽車引擎的曲柄軸，重約 80 磅。

死者身上找不到身分證，金錶的背面刻著 57 年 8 月 28 日的日期，還有 D.W. 達沙的字樣。

「達沙？」楊溫明探長喃喃自語：名字好熟悉，但一時想不起在哪聽過？

他轉頭想問法醫的意見，法醫回答：屍身腐爛得太厲害，不容易找出致命原因，只有等待進一步的剖驗。

楊溫明探長無可奈何地望著海面。海面恢復了平靜，駁船已經遠離了。

楊溫明探長的心海並不平靜，各種推想在他心底翻湧。

目擊者的口供對案情沒什麼幫助，倒是一艘遊艇的管理員林甘的口供，引起楊溫明探長的留意。

林甘透露，兩天前的清晨5時，他在遊艇內起身燒開水時，聽見一聲巨響，好像有重物墜海。他曾經出外觀望，由於天色昏暗，什麼也沒瞧見。

那重物是死者？這樣的推斷似乎很難成立。因為，林甘看管的遊艇離屍體浮現處約兩公尺，要是屍體拋落海，就算是腰綁重鐵，也不可能發出巨響。

那該是什麼重物呢？

二

楊溫明探長一踏進辦公室，桌子上的早餐與咖啡已經冷了，當天的報紙擱在一旁的檔案架子上。

開完早上的彙報會，又錯失了享用早餐與閱報的時間。他正想把報紙收進抽屜，忽然記起，難怪達沙這名字那麼熟悉，三天前報上不是刊登了達沙失蹤的新聞嗎？

達沙其實不是外人，他曾經在警界服務了 10 年。楊溫明探長雖然跟他不同單位，沒一起共事，但對他的「辭職」，倒是聽到了一些傳聞。

在當時的警界，那可算是一件頗為「轟動」的事。

一個涉及綁票、傷人以及搶劫的私會黨頭目，三年前在刑偵局的拘留所內忽然「暴斃」；有人指他是被「嚴刑逼供」後出事的。

警方高層特別設立了調查委員會，傳召了以達沙為首的一批警探問話，其中以達沙的警階最高，必須為此事負責，做一個清楚交代。

幾個月後，13 個警探被令停職，但過後都獲得復職，只有達沙離開了警隊，一說是被開除，一說是辭職。

辭職的真正原因外界無人知曉，即使內行人收到的傳聞，亦未必確實，因為那是警方高層的高度機密。

也因為如此，楊溫明探長不能隨便要求上司准許他翻查這件事的檔案。除非，他有證據顯示達沙的死跟當年的案件有關連。

楊溫明探長的推斷是：這很可能是一起黑幫人物進行的報復行動。可是，就算是報仇，此仇是否跟三年前的案件有關呢？

何況，達沙當探長時，經常都周旋在私會黨與黑幫人物之間，他得罪的三教九流，豈止一個？

翻開警察歷史，從來沒有黑幫人物找警務人員報仇的例子，要是達沙因此被暗殺，那便太令警方人員坐立不安，廢寢忘食了！

沙達辭職後的動向，警界的朋友所知不多。30 歲的達沙有三兄三姐，他還是個王老五，與母親跟一兄同住在後港。

向警方報案說達沙失蹤的，便是這個哥哥達英。

達英告訴楊溫明探長，達沙在被解僱後，曾跟三個舊同僚，開了間私家偵探社。後來，偵探社生意欠佳，只好結束營業。

不久前，達沙又跟幾個朋友合股，經營了一家保險公司，專門辦理海陸損失估計精算業務，以及意外車禍、汽車保險及貸款等事務。

難道達沙在業務上跟人結怨？

達英沉思了片刻說：「沒聽達沙提過。」

其實，達沙在外的行蹤總是神祕兮兮的。他喜歡獨來獨往，家人完全不知道他在外頭的活動。

是保密慣了的警探工作，造成達沙神祕的性格？還是他心底隱藏了不少不能、也不願向人揭露的祕密？

達英也不清楚弟弟的心裡究竟在想什麼。他只記得8月17日上午8時30分，達沙如常上班，傍晚6時回家，過後又獨自出門，這一別竟成永訣。

達英紅著眼說：「達沙就算在外頭過夜，通常都會撥電話回家交代，那晚徹夜未歸，直到第二天下午，還是蹤影全無。我開始有點擔心，撥了通電話給當助理警監的妹夫，叫他協助尋找。」

達英補充說：「達沙出門時是開著他那輛『麥格』汽車離開的。」

「汽車？」

楊溫明探長此時才恍然大悟，遊艇管理員林甘聽到的龐大物件墜海的巨響，想必便是達沙的汽車。

三

發現浮屍的南部駁船碼頭，向來是情侶約會聖地。

每當夜幕低垂，華燈初上，雙雙對對，驅車而至，纏綿溫存。

1954年的一個大雨傾盆的淒迷之夜，一個青年用車載了吧女到這一帶談心。

很不幸，汽車不知為何直衝海底，青年僥倖死裡逃生，吧女溺斃。蛙人接到通知，打撈了汽車，卻始終未尋獲吧女的遺體。吧女的老母親傷心欲絕，跳樓身亡。

一連串悲劇發生之後，警方派蛙人繼續打撈，卻意外在附近海底，發現另一輛汽車。

驚人的是，車內有一具男屍，不遠之處，還有兩男一女的浮屍！

接二連三的海底汽車沉屍案，都是在南部駁船碼頭的海上發生，難免會有人繪聲繪影，為這片在工藝學院後門的大海，添上神祕傳說與詭異色彩。

湊巧的是，達沙那輛黑色的「麥格」汽車也是在這一片「凶海」發現的。那是達沙屍體浮現的第二天：1963 年 8 月 21 日下午 4 時 30 分。

汽車沉在四公尺的深處，離岸約兩公尺，四輪朝天，車前擋風玻璃破裂，車頂凹陷，前座左右兩側的車窗都未關上。司機旁邊的車門洞開，海水從這裡不斷湧入。

車後座兩邊車門則緊關，兩側車窗也關緊了。車鑰匙還插在鎖孔，引擎未熄。汽車排檔是處在第二檔的位置，手剎車已經放下。車頭燈開了，但因為電池消耗殆盡，沒有亮光。

車內沒發現血跡，沒貴重的物件，只有一根警棍。

從車頭燈開了的跡象顯示，車子應該是在夜裡開到那裡的，與林甘聽見重物墜海聲的時間相當吻合。

楊溫明探長花了近一個小時的現場調查，對此案有了初步的推斷。

相信達沙在遭人暗算後，連人帶車推落海，滅屍沉車，銷毀證據。

可是，達沙遇害的真相與凶手的動機是什麼呢？

凶殺案的第一現場是這裡嗎？

楊溫明探長陷入沉思：這真是內情曲折，棘手難辦的一起命案。

一早送上來的驗屍報告並未為此案帶來突破。

由於屍體浸在水裡超過三十個小時，腐爛程度難以確定致命原因。從表皮組織顯示，可以肯定的是沒有外傷，達沙不是遭毒打身亡，也不是被毒殺，沒彈孔或刀痕留下；連是否是活生生溺斃的，也無法敲定。

死因如謎，困擾探長。

驗車報告也來了。車底前後輪之間，沒有摩擦留下的花痕，排氣管絲毫未損。

這點更令探長感到不解。

因為他原本推斷達沙是在遭人謀殺後，用鐵絲縛腳，並將鐵絲穿過引擎的曲柄軸綁在腰間，然後放在車內，扳下手刹車，換上二號排擋，讓車滑下海。

這樣做，車子衝越堤岸時，車底或排氣管應該會跟地上摩擦，留下痕跡。

報告結果剛好相反。

汽車技工的意見是，達沙的車向前衝的速度很快！

凶手應該不可能駕車載了達沙的屍體，直墜大海。除非凶手有特技演員那般的敏捷身手，能夠在飛車入海的那一刻，打開車門，跳出車外……

不是謀殺，是自殺嗎？

被鐵絲綁住的雙腳，其間的距離大約是十英寸。

楊溫明探長親身示範，依樣綁了雙腳，結果發現雙腳可以鬆動，左腳可以踩到離合器，右腳還可以踩踏煞車器，也可以踩動油門。

綁雙腳，沒綁雙手，頭髮剃光……那又說明了什麼？

探長如墜重霧中，混亂得無法整理出一個頭緒來！

四

最後見到達沙的是他的一個老友劉菲力。

菲力告訴警方，8 月 17 日中午，他跟達沙共進午餐。分手之後，當晚 7 時，達沙來他家探訪。

令菲力感到奇怪的是，達沙神態有點異常，似有重重心事，坐在沙發觀賞電視節目時，也漫不經心，默不作聲。

「他經常來我家，每次都會帶幾罐啤酒，邀我同飲。向來海量的他，那晚喝了兩罐便一直停杯沉思。」

「我問他是否被什麼事情困擾，不能解決。他頻頻搖頭，苦笑不語。」

達沙過後拿了一本書在翻閱。直到凌晨 2 時，他才向菲力告別。臨走前，他還約菲力第二天一起吃午餐。

「次日一早，我撥電話要提醒他午餐的約會，傳來的是他母親焦慮的聲音，說是達沙徹夜未歸。」

菲力回想前個晚上達沙的異常神態，忽有不安之感，連忙趕去達沙的家。

達沙的母親已經哭成個淚人，老淚縱橫地嘶喊：「我一連作了好幾個噩夢，我夢見達沙……他……被人殺死了！」

菲力的背脊感到一陣涼意。

兩天後，老人家的噩夢竟然應驗了，失蹤的達沙浮屍海面！

從 8 月 18 日凌晨 2 時過後，達沙的去向不明，沒人知曉他的行蹤。

他是在回家途中遭人強擄而去，加以殺害？還是趕赴死亡約會，一去不回頭？或是開車直衝大海自盡？

楊溫明探長仍然未推翻達沙遭人謀殺的推論。

理由不止一個。

達沙當探長期間樹敵的可能性是存在的。可惜的是，黑社會線人提供的線報，沒法證明有哪幫人馬要找達沙算帳。達沙也從未向家人透露他有仇家。

不過，查案人員從達沙的友人、生意合作夥伴等人的口供中，並不排除達沙被殺的可能性。

他的兩名好友透露，達沙去世的一年半前，曾經被一名神祕客跟蹤。神祕客騎著腳踏車，向達沙住家路口的一名女子，打聽達沙的住所。神祕客還掏錢給女子，叫她帶路。兩人在半途中，遇到達沙的鄰居，這鄰居見神祕客似乎來意不善，趨前喝問，神祕客掉頭而去。

鄰居把此事告訴達沙，勸他報警。達沙不置可否，眉頭深鎖，最終沒去報案。不報案的原因，沒人知道。神祕客是誰？黑幫人物？還是被達沙逮捕過的私會黨徒？

可能都不是黑道中人。因為，達沙離開警界當私家偵探期間，他偵破了多起偽造漁業保險賠償單據的案件，可能因此招惹一些人的不滿。

尤其是在 1960 年期間，他揭發了一起貨船沉沒的陰謀，導致多人被控上法庭，面對欺騙的罪名。

這些人相信對達沙懷恨在心。

另一個線報是，達沙之死可能涉及汽車走私活動，背後是個組織龐大的走私集團。

原來，偷車集團把偷來的車，由南部駁船碼頭一帶，用船私運到印尼轉售。達沙合股經營的保險公司，因為汽車失竊要求賠償的事件日益增多，達沙做事向來親力親為，可能他隻身到碼頭查探，與走私集團分子狹路相逢，結果慘遭毒手，拋屍沉車，推下海底。

還有一個可能是，達沙當日凌晨約好走私集團分子「談判」，嚇唬對方，若不合作，將報警大爆內幕。由此，引起對方的殺機，殺他滅口……

五

經過一個星期的追查，有關達沙業務上「仇家」的線索，並沒有實際的收穫。汽車走私集團的線人也沒辦法提供具體的證據，證明達沙跟集團中的人有瓜葛。

達沙被謀殺的論點要是不能成立，但要證明他是自殺的，也必須找出論據來支持。因此，楊溫明探長吩咐助手轉向達沙生前的私生活，展開調查。

幾乎所有跟達沙來往的舊同僚和朋友，都說達沙是個行蹤神祕的「獨行俠」。

無論是被殺還是自盡，動機有時跟財或色，脫離不了關係。

達沙第一個女友是個工廠女工，交往了五年，最終分手。分手的原因是，她發現他另有新歡。會不會是這個女人因愛成恨，買凶殺了達沙？

答案是否定的。

因為她不當他的情人，他卻仍然當她是紅顏知己。每逢他有煩惱，總會撥電話給她，一起外出喝酒「解愁」。

兩人雖然若即若離，達沙只是藉此消愁解悶，打發時間，他始終沒有向她透露內心的祕密，包括無法解決的問題與看不開的事。

達沙第二個戀人是個護士，只有 21 歲，美麗動人。達沙邂逅這名護士的經過頗為戲劇化。

一回，她被搶，上警察局報案；達沙替她錄口供，彼此留下好印象。

就像很多警匪片的情節一樣，查案探長跟受害人開始來往，繼而日久生情。達沙對這段愛情是認真的，他常向家人與朋友稱讚女友的美麗與溫柔，他還表示要娶她為妻。

他曾經登門向女方的父親提親，老人家卻一口拒絕。

「當警探生活不固定，危險性高，人脈複雜，有些還很風流……」

達沙好幾次約老人家出來，要求老人家把女兒嫁給他。老人家堅持己見，始終沒點頭。

達沙開始感到消沉與失望，他越來越沉默寡言，經常買醉消愁。

愛情受到打擊，美夢幻滅，難道達沙因此萌生自殺的念頭？

達沙開設的偵探社，最初經營不當，後來關門大吉。他過後跟朋友合股開了保險公司，財務還不是很充裕。當中一名股東退股，達沙曾為此悶悶不樂。

生意的失敗，是自殺的動機？

達沙最耿耿於懷、憤憤不平的是，他被警界下令「辭職」一事。他非常熱愛警務工作，曾聘請律師提出上訴。律師告訴他，勝訴復職的機會不大。達沙一度為此很不開心。

不過，這件事在他出事的一兩個月前，似乎有轉機。他曾經對友人說，警隊願意跟他庭外和解。

他甚至在失蹤那天問好友菲力：「如果警隊要我回去，我應該接受嗎？」

最令人費解的是，他曾半開玩笑的對一名同僚說：「我們當警探，常憑機智去破案，如果有一天我死了……或者說我自殺了。我必定會故布疑陣，看看你們能否解開疑團破案？」

達沙自殺的論點雖然不具體，但是也不能馬上加以排除自殺的可能性。莫非正如他所言，在毀滅自己的生命時，布局留下重重疑點，讓同僚去解謎？

半個世紀了，這個謎還是個未解的謎！

天外飛彈

這是一起歷來最神祕離奇、耐人尋味的槍殺案，發生在 1972 年女皇鎮金都戲院附近的交通圈。

一枚不知從何處飛來的子彈，要了 22 歲馬來西亞女裁縫的命。這個親友口中的乖巧女子，與人無冤無仇，案件不是謀殺？難道是意外？

是怎麼樣的意外？玩槍誤射？擦槍走火？神祕槍手的身分與子彈的來路，至今仍無法查出。

這是一起歷來最神祕離奇、耐人尋味的槍殺案，一枚不知從何處飛來的子彈，要了一名 22 歲女裁縫的命，已經 44 年了，個中內情至今還是無法解開！

一

1972 年 9 月 17 日中午 12 時 30 分。地點是女皇鎮金都戲院附近的女皇圓環。

在這個風和日麗的星期天，曾麗珍與曾錦梅兩姐妹趁休息日結伴到聯邦道大眾百貨公司逛街購物之後，決定到附近的東陵福組屋區探望姐姐。

她們朝女皇鎮警署的方向並肩而行，剛走上圓環左邊的人行道不久，19 歲的錦梅忽然聽見姐姐麗珍「哎呀」一聲慘呼，跟著見到麗珍撫著胸口，倒在地上。

這一意外，令年輕的錦梅不知如何是好，只見麗珍左胸有個小洞，不斷有血湧出。錦梅頻呼姐姐，急得淚落如雨。

剛好一輛警車經過，兩名警員連忙施以援手，並且電召救護車。倒地的曾麗珍當時已經陷入半昏迷，不能言語。

送入醫院後，醫生最初以為她是被刀刺傷，後來從 X 光片中發現是槍彈，馬上緊急開刀，直到當晚 11 時，曾麗珍雖然經過多番搶救，最終還是性命難保，在昏迷中離世。

曾麗珍姐妹一年多前來自馬來西亞的居鑾 (Kluang)，她在東海岸一家裁縫店當裁縫，手藝深得雇主與顧客讚賞。出事時，姐妹倆買了一些中秋節的應節物品，準備幾天內回家與母親跟家人歡度佳節，沒想到竟會遭逢不測，魂斷他國，飲恨異鄉。

查案人員是在當天下午接到報告趕到現場的，當時曾麗珍躺在醫院不省人事，錦梅則驚嚇得說不出話來。

現場沒留下特別的線索，查案人員空手而返。直到曾麗珍喪命，證實是被子彈打中，女皇鎮警署查案人員始發現案情嚴重，轉交刑事偵查局特別罪案調查組跟進。

從曾錦梅的口中，警方得知現場除了她們兩姐妹，並沒有其他的目擊者。錦梅既沒聽到槍聲，也沒見到有可疑的人在她們四周徘徊或埋伏。

那枚奪命子彈，究竟從何而來？

為了調查上的方便，警方將此案定調為「謀殺」處理。

二

假定這是起謀殺案？那動機是什麼？凶手是誰？

年紀輕輕，長得清秀純麗、入世未深的曾麗珍難道有仇家？

從曾麗珍的身世背景與交往範圍調查顯示，曾麗珍雙親健在，她共有 9 個兄弟姐妹，做事勤勞，文靜內向，思想單純，生活樸素，而且還有個青梅竹馬的男友。兩人情投意合，沒有第三者或情敵介入，可說是水到渠成，已經到了談婚論嫁的階段。

曾麗珍的雇主、家人與男友都異口同聲告訴警方，麗珍為人友善，腳踏實地，絕對沒與人結怨，更別說是有敵人或仇人了。

警方追查的結果，證實曾麗珍從未與人結怨，她的男友也沒有仇家，因此排除了謀殺的可能性。

不是謀殺，難道是意外？

就算是意外，歸根結柢，那枚子彈從哪裡射出，難道是來自「天外」？

當然不是！

奪命子彈是 0.22 口徑的，警方軍火專家懷疑是由來福槍發射出來，但專家不排除子彈也可能從同樣口徑的短槍射出。兩者的差別是，手槍射程僅在百公尺之內，來福槍遠超這個射程。

警方初步調查顯示，曾麗珍事發前正走向東陵福路一排組屋，子彈由前方射入體內，子彈可能是由高處或附近高樓組屋射出。案發圓環前方正好有一座 16 層樓高的組屋。警方廣派人員逐層樓展開問詢，包括是否有聽見槍聲，或是發現可疑的持槍者。

法醫佘漢昭第二天的驗屍報告雖然不排除子彈從高處射擊的論點，但他初步推斷子彈射出形成的角度與地平面構成30度，而且是朝曾麗珍的左方射來。

換句話說，子彈是從「平地」迎面射來。

這個新推斷又使警方的調查方向轉回原先假定的謀殺案。

可是，查案人員發現案發現場平地並沒有其他建築物，除非是凶手開車經過曾麗珍姐妹身邊，然後瞄準麗珍開槍；或是凶手不只一人，而是一人開車，載了同夥，由同夥開槍。

不過，要在移動的車子內那麼準確開槍打中目標，除非是職業殺手才有如此身手，然而，一個與世無爭的少女，怎麼可能成為買凶殺人的對象？

難道是職業殺手「點錯相」，殺錯人？

三

不是謀殺？難道是意外？

是怎麼樣的意外？玩槍誤射？擦槍走火？

子彈從平地射出，平地有哪些建築物配有槍械？

平地的建築物包括離現場只有百公尺之遙的女皇鎮警署，再遠一點是女皇鎮鎮暴部隊營地與女皇鎮還押監獄。這三個地方在曾麗珍中槍的那段時間，並沒有進行練槍或實彈演習，也沒有發生警匪駁火事件。

尤其重要的是，警方鄭重強調：警方人員與武裝部隊人員並沒有使用 0.22 口徑的槍械！

推測的可能是有人在組屋高樓洗刷槍械，不巧誤按扳機，槍枝走火，流彈打中了曾麗珍。法醫的驗屍報告是，子彈先射中曾麗珍的肩胛骨，再折射入心臟，要了她的命。一槍穿心奪命，因此左胸傷口不是很大。

其妹錦梅在身邊沒聽到槍聲的唯一解釋，根據專家的意見是：假定開槍的地點是在百公尺之外或更遠之處，子彈打中麗珍之時，槍聲已然消失。

「擦槍走火」的調查工作進行頗為順利，但是從中卻發現了擁有「槍牌」（執照）的漏洞。當時，槍械的管制相當嚴格，除了軍警人員擁有槍械，申請擁槍執照是要經過警方批審准許，多數是射擊俱樂部（即槍會）的會員。

警方決定把矛頭轉向槍會查起之後，馬上將住在女皇鎮一帶的槍主作為調查焦點，結果發現該區有 13 名持有 0.22 口徑子彈槍械的居民，但其中 6 人已經遷移，這 6 名槍主並沒有向有關當局呈報他們搬了家。警方花了不少工夫，調查他們不在現場的證據。

警方最後總共搜獲了九把 0.22 口徑的來福槍與一把自動手槍交給軍火專家與化學局化驗，最後卻證實那枚奪命槍彈並非出自這 10 把槍械。

這起撲朔迷離的槍擊案在 1973 年呈上驗屍庭研審，驗屍官判決是懸案。

神祕槍手的身分與子彈的來路，依然是謎團，至今仍未解開。

野火焚情

荒郊出現兩女一男的焦屍，三名死者手錶上的「死亡時間」，令案件增添神祕感。

死亡時間不一致，可能的情況是：當中一人燒死兩人後自焚；兩人合謀燒死一人後，各自自焚；三人一個接一個輪流自焚。

問題是，三人的手錶都準嗎？驗屍官宣判此案為：懸案。

理由是：太多謎團和死結，無法得到解答。

午夜過後，凌晨時分。

疏星冷照樟宜路上段一條罕見人跡的黃泥路，路的盡頭是個空地，雜草橫生，唯有蟲聲，有種說不出的悽清荒涼。

一輛藍色的日本汽車孤寂地停放著，四周沒有人影。

是情侶在車內溫存？

樟宜監獄的獄警阿安，騎著摩托車回家途中，經過這塊空地，心裡這麼想。不過，他覺得奇怪的是，汽車旁邊竟然有黑煙冒出，像是有一堆東西在燃燒……究竟是在燒什麼？

是車內的人兩相纏綿，忘了關上引擎，連引擎冒煙也懵然不知？

阿安停下摩托車，發現那堆火越燒越猛，烈焰熊熊，差不多跟車身齊高，他始終沒法看清楚燒的東西是什麼！

涼風吹來，他不禁打了個冷戰。呵欠連連，上了 8 個小時的夜班，疲憊萬分，還是早點回去溫暖的被窩。

夜半三更，在這帶點恐怖氣氛的荒野，又何必多管閒事！

阿安發動了引擎，離開了現場。

一

時光飛逝。縷縷晨光像是情人溫柔的雙手，輕啟重重黑暗的夜幕。

那是 1970 年 4 月 28 日清晨 6 時 45 分。

樟宜路上段青年感化院的醫藥助理辛瑪駕車返家途中，剛好也經過荒涼的黃泥路。陣陣的狗吠，引起他的好奇，他不由得停下車來。

藍色日本車的擋風玻璃上，布滿了緩緩汩流的露水，模糊一片，完全看不見車內是否有人。他繞到車旁檢視，那是一堆燒焦了的物體……

物體上好像披了一些殘破的布料，還有依稀是頭髮與肢體形狀的東西……啊，原來是屍體！

他連忙飛車返回感化院，通知上司，撥電報警。

警方人員抵場，已經是清晨 7 時 20 分。

刑事偵查局凶殺案調查組的陳菲力探長走近離開汽車約 10 公尺的那堆燒焦物體檢視，然後蹲了下來。

是毀屍滅跡的殺人燒屍案？這個念頭剛閃過腦際，瞬間又轉換了。因為，焦屍不止一具，而是三具！

由焦黑的形體看來，應該是兩女一男。

菲力探長站了起來，猛吸了一口氣。三屍命案，好幾年沒發生了，何況是燒屍案，更是少見。

地上的黃泥土已經烏黑斑駁。法醫趙自成在現場的初步推斷是，三具屍體已燒了超過 6 個小時。換句話說，早在獄警阿安下班經過時，這三具屍體正在開始燃燒……

三具屍體焦痕累累，蜷縮扭曲，猶如枯枝。三屍肢體殘缺，皮開肉綻，骨露髮脫，面目全非，慘不忍睹。

男屍面部朝上，雙腳直伸，身側右邊。一具女屍伏在男屍身上，雙手交叉。另一具女屍側臥男屍右邊，臉朝左邊，對著男屍。

從燒剩的衣物碎片中，依稀可以分辨出當中一具女屍穿長袖淺藍衣裙；另一具女屍穿黑底圓點裙子。

汽車旁有一個汽油罐，罐內的汽油已經倒盡，留下了濃烈刺鼻的油味。這油罐顯然是「凶器」。

查案人員封鎖現場，搜尋證物。他們在車內發現一把麵包刀、一小盒火柴和一個空藥瓶。焦屍旁還有一把開著的彈簧小刀，刀身焦黑。

這兩把刀引起了查案人員的猜疑。

二

「是謀殺吧？」

脫下手套，把一大袋從現場搜獲的殘骨與毛髮提上車後，探員老劉轉頭問菲力探長。

菲力探長聳了聳肩，攤開雙手，望了望趙自成法醫，露出無可奈何的神情說：「目前還言之過早，法醫說焦屍外表幾乎沒外傷，也看不出曾經被利刀捅刺的傷口。」

開動了警車，菲力探長補充說：「要一連燒死三個人，需要花上一段時間，而且要費不少勁。何況得先把三人一起綁架，然後打昏他們，載他們到這裡，才能淋油放火……」

菲力探長的推斷並不是完全沒根據的。

汽車內沒留下激烈掙扎的凌亂痕跡，沒有木棍，也無繩索，只有兩把刀與一個藥瓶。

車身與內部絲毫無損，車鑰匙還插在引擎開關器上。引擎停了，油針快見底。

黃泥路與空地上沒可疑的腳印，也沒其他車輛的輪胎印。很明顯，這個空地便是案發現場，三名受害人不可能是在他處遭毒手後棄置於此的。

可是，這兩女一男為何會被火燒焦，死在一起？

三人之間，到底是什麼關係？

是其中兩人合謀燒死一人之後，才雙雙畏罪焚身自殺？還是其中一人設計燒死兩人之後，淋油自焚？

這個推斷可能性不大。

一個人要同時制服兩人，並非易事。不過，要是那空藥瓶內不知去向的藥物足以弄昏人的話，那有可能是當中一人「騙」另兩人服藥後才下手？

還有一個推測是，三人早已約定，一起放火燒身，同歸於盡。然而，假定是集體自殺，但又沒遺書留下。除此，動機也頗耐人尋味。是什麼原因，三人必須共赴黃泉不可？

還是三人當中的一人跟人結怨，被人綁架，剛好另兩人也在一起，歹徒為了殺人滅口，一起要了三人的命？或許，三人一起與人「談判」，結果「談判」破裂，招惹殺身之禍，歹徒焚屍，目的是毀屍滅跡……

無論是從哪個角度推斷，都讓人聯想到男女關係這方面。尤其是兩女一男同時在三更半夜，來到這荒郊曠野，內情恐怕沒那麼簡單，背後的故事想必離奇曲折。

可惜的是，可以解答這一連串疑問的人，已經永遠開不了口，難道還有第四者或其他的人涉及此案，知悉當中的祕密？

如果是由於三角戀愛的死結無法解開，才發生這起烈火焚情的悲劇，那得先釐清三人的關係，追查個中的真相。

菲力探長腦海裡浮現一個又一個待解的謎與問號，三角焚屍殉情案，他加入警界十多年來，還是第一次遇上，真是棘手啊！

三

最先解開的謎是：兩女一男的身分。

這點並不難，藍色日本車是現成的線索。此外，當中一具女屍頭底下壓著一個未燒焦的錢包，內有一本袖珍電話簿，在所剩下的一兩張殘頁中，依稀可以看出幾個人名，電話號碼與地址。

查案人員憑著這兩條線索追查，果然，不到一天，兩條線索都有了結果。

汽車是個 23 歲女性向朋友借來的，她叫張喜春，英文名克莉絲汀，她是其中一名死者，是樟宜民眾聯繫所的幼稚園教師。另一男一女的身分也跟著揭開。女的是克莉絲汀的妹妹張少麗，22 歲，英文名姍特娜，她是水仙門東方百貨公司的出納員。男的是陳競成，28 歲，是李金塔建築公司的職員。

這兩女一男的關係頗為「微妙」。三人都是校友，英校九號畢業。陳競成跟喜春不但同校，而且一個是巡察長，一個是巡察員，時常在一起有說有笑。

張少麗雖然跟兩人不同班，但陳競成到她家找她那位當教員的哥哥補習英文後，她也跟他熟絡起來。張家姐妹經常跟陳競成一起外出遊玩，三人相處愉快，三年前甚至結拜為兄妹。

張家姐妹的父親是個出入口商人，家境富裕。姐妹倆都雲英未嫁。陳競成的家境也不錯，父親經營餅店。

菲力探長在傳召張、陳兩家的家人問話時，把重點放在男女的關係上，以確定這是否是一起殉情案。可是，兩家人都表示，三人雖來往頻繁，但他們之間的關係純粹是結拜兄妹的情誼。

另外，多年來，家人也沒聽三人投訴過他們之間有不愉快的事情發生，或者有其他糾紛。

兩家人都異口同聲堅稱，三人並非殉情！

「他們沒私情，何況，競成在法律上已經是有婦之夫。」張家姐妹的兄長在案件發生後的第三天，特別召開記者會這麼說。

難道是謀殺？

「警方應該會查個水落石出的。」

這名兄長不願多作猜測。

在法醫驗屍報告未出爐之前，警方並未放鬆調查工作，轉向三人的來往的朋友與同事，以了解他們的交遊情況。菲力探長則親自到陳競成的家，錄取他家人的口供。

原來，陳競成是在麻坡出生，他跟鄰居姓蔡的女子，青梅竹馬，情投意合，三年前註冊結婚，準備兩年後完成華人婚禮。

陳家兩老傳統思想很重，認為沒依照華人習俗的婚禮，只能算是訂婚，不算是正式結婚。不過，兩老並不反對這樁婚事。

陳競成和未過門的妻子雖然各奔東西，卻經常互相探訪，對這樁婚事，陳競成沒表示反對。

「張家姐妹知道陳競成已經註冊結婚的事嗎？」

「應該知道吧！」

陳競成在 4 月 27 日上午，照常上班。傍晚 5 時，他撥電話告訴家人，他有事要辦，不回家了。他沒說明去處，語氣跟平常沒兩樣。

28 日下午，警員上門，傳達他燒死的噩耗。

菲力探長到陳家，收穫不大。不過，初步查訪可以肯定的一點是，陳競成未過門的妻子在三屍命案揭發時，人在新山，跟案件全無關係。

除了蔡小姐、張家姐妹之外，陳競成是否還有別的女性朋友？

陳競成的一個嫂嫂在菲力探長第二次到訪時，沉吟了一陣說：「競成的女性朋友的確不少，但經常相邀外出的是張家姐妹。有一回到白沙海灘野餐，我曾經見他跟張家的妹妹少麗一起游泳。當時，姐姐喜春並沒在場。」

從三人同行，到一男一女相處，當中莫非另有隱情？

菲力探長準備打蛇隨棍上，這位嫂嫂搖了搖頭說：「那我可真的不知道，也不敢瞎猜。」

四

關於張家姐妹的交遊情況，家人不知是不願意透露太多，還是所知不多，對菲力探長的查問，總是三緘其口。

菲力探長所獲的資料是，姐姐張喜春認識陳競成已有八年，她先跟他結拜，妹妹張少麗是後來才加入「三人行」的。張家沒聽說過姐妹倆對陳競成有何不滿，也沒聽說姐妹倆曾經為陳競成爭吵。

不過，張喜春曾經在 1969 年 9 月 28 日因為服了過量的安眠藥，送入中央醫院急救。洗胃之後，第二天脫離危險狀況。張家不知道安眠藥從哪裡來的，喜春在 8 個月前，曾向母親申訴晚上不能入眠。張母見過那瓶安眠藥，喜春卻回應說是補藥。

駐院醫生也問不出服食安眠藥的動機。

菲力探長倒是從喜春服務的幼稚園同事的口中，得知喜春有時悶悶不樂，經常聲稱失眠，還說曾經到多間藥房購買安眠藥。

喜春的兄長給探長的口供卻不一樣，他說，喜春為人樂觀，出事前還興高采烈地告訴家人，她很可能獲得一筆獎學金到紐西蘭深造。要是一切順利，將在 9 月啟程。

最值得查案人員留意的是，喜春在出事前一天的動向。

那是 1970 年 4 月 27 日上午 11 時，喜春撥電話給陳競成，相約在首都戲院外見面。傍晚 5 時 15 分，兩人見面「密談」。

6 時，喜春到附近的哥里門路向友人借了藍色日本車，她臨開車走時，告訴友人，她想去看電影，還叫對方推薦。友人說麗都戲院那部《熱辣辣迷魂夜》不錯，喜春道謝後，含笑離去。

兩個小時後，喜春卻載了競成到水仙門的百貨公司，見到妹妹少麗正好在公司執勤。兩人匆忙上樓，買了把麵包刀。這把刀便是命案發生後，查案人員從藍車內找到的。

張喜春與陳競成買刀的目的何在？張少麗知道他們買刀這回事嗎？

當晚 10 時，張少麗下班，喜春載了她跟競成，一起到中央醫院探望一名因服洗衣劑而洗胃的朋友。那是認識他們三個人的朋友，見到「三人行」的最後一次。他們過後的行蹤，如謎一般，沒人知曉。

直到獄警阿安清晨經過空地，發現汽車冒煙，他可萬萬沒想到，車旁燃燒的竟是兩女一男！

從當晚 10 時過後到凌晨零時，這兩女一男究竟做了些什麼事？談了些什麼？還是有什麼事情無法解決……都是一連串的謎！

菲力探長發現，這起三屍焚燒案，內情似乎越來越撲朔迷離，越來越神祕莫測。難道有第四者，或者更多的外人，涉及這起三屍案？

五

在調查妹妹張少麗的交際情況時，案情似乎微露曙光。因為，第四者出現了！

東方百貨公司多名銷售人員都這麼形容：少麗活潑好動，為人風趣，健美秀甜。同事都冠以「東方之花」的美譽。

花樣年華，花樣相貌的女子，當然不乏追求者。張少麗曾向同事透露，追求者當中，她愛上了一個名叫吳彼得的教員。

據一名林姓的同事說，張少麗跟吳彼得是在五年前一個舞會上邂逅的，直到三屍案發生的前一年，兩人開始約會，出雙入對。其實，少麗之前也說過，她喜歡一個叫史威廉的男子。

張少麗坐過吳彼得的福斯汽車，到過花柏山等情侶聖地。有一天，她獲知吳彼得是個有婦之夫。吳彼得對她說，其妻是個導遊，為他生了一個孩子，可是，他對妻子已經沒感情可言。

吳彼得的妻子後來找上門跟少麗「談判」。張少麗如夢初醒，原來吳彼得所說皆謊言，他的妻子是竹腳醫院的護士，子女不止一個。

「他有那麼賢慧的妻子，為什麼還對我那麼好？」

張少麗感到迷惘，語氣幽怨，向閨中摯友張月嬌傾訴心聲。

談到激動傷心之處，少麗甚至含著淚水，略帶憤恨的顫聲道：「天下的男子皆如此薄倖，還有男人可以相信嗎？」

她揮淚斬情絲，跟吳彼得斷交。她過後曾經向同事表示對生活很厭倦，不願活下去。

「如果我真的要死，我不要死得那麼痛苦，我要服安眠藥，平平靜靜地離開世間。」

可是，三屍命案發生的兩個星期前，張少麗忽然改變初衷，跟吳彼得藕斷絲連，恢復來往。

吳彼得不否認他跟少麗有約會，兩人結伴同遊過五次，看過一次電影。

戴副眼鏡，看來斯斯文文的吳彼得對菲力探長說：「我們雖然有時坐在車內聊天，但從來沒有親密的接觸。少麗也沒明確表示她對我的感情。」

在第二次「遊車河」時，張少麗已經知道吳彼得已婚。她還這樣問他：「要是一個女人愛上一個男人，那個男的也愛她，父母卻反對，那該怎麼辦？」

他的回答是：「這樣的事情如果發生在中國，那可很難處理，因為舊時代的子女都是靠父母過活。在新加坡可不同，只要男方有能力自立，應該是沒問題的。」

菲力探長問：「她有提那對男女是誰嗎？」

「沒有。」

「她有提起陳競成這個人，或者提過她的姐姐張喜春嗎？」

「陳……哦，沒有。」吳彼得摸了摸下巴說：「我們只是很普通的朋友，見面都是閒聊。」

吳彼得說，自從其妻找張少麗「談判」後，他撥電話向少麗道歉，而且就此分手了。

「從此以後，再也沒來往？」

「是的。」

「可是，張少麗曾經對同事說，你們最終還是和好如初。」

「沒這回事！」

三屍命案發生的那天，吳彼得有不在現場的人證。這樣一來，第四者涉及命案的推斷，不攻自破了。

張少麗這段跟已婚男子的交往，一如雲霧，虛無縹緲，來去無蹤。

至於史威廉這個人，幾經查探，毫無下落。

六

所有相關證人都給了口供，菲力探長卻還找不出一絲可疑的跡象。這兩女一男只有一個共同點：陳競成與張少麗都曾經向友人表示失戀，想要自殺。張喜春則是服藥入院，自殺不遂，顯然三人都有厭世之念。

可是，到底是什麼原因，令這三人同時萌生自殺的念頭？

菲力探長開始感到煩躁不安，他在盤問室內踱步，無言地望著刑事偵查局大樓樓下，羅敏申路川流不息的行人與車輛。

假定沒有第四者或其他的人布局謀害這兩女一男，難道他們真的是殉情？三人一起殉情，又應該是一個怎樣的安排？

關鍵人物可能是買了麵包刀的張喜春。陳競成相信是在接到電話，趕赴「死亡約會」的。張少麗則是在下班後，被姐姐載走的。這兩女一男是各自引火自焚，死在一起的嗎？

菲力探長喝了杯冷水，從案頭取出了一本刑事法典。他翻開了有關自殺的法律條文，裡面記錄了一些重點：

假定甲跟乙同意自殺，而且互相商量好了，等到命案發生後，甲和乙雙雙喪命，那事情就此了結。

假定甲要自殺，乙同意自殺卻沒輕生，那乙便犯了教唆甲自殺的罪名。

假定甲不想死，乙把甲給殺了，那乙當然是觸犯了謀殺罪。

就算乙是在甲的要求下，把甲殺了，乙同樣是犯了謀殺罪。

這段跟自殺相關的法律條文，同樣適用於超過兩人的同類案件上，比如這起三屍焚燒案。

問題是：這兩女一男，誰才是主角？教唆自焚的是誰？其他兩人同意那麼做嗎？

菲力探長把刑事法典推向桌子的一個角落，站了起身，伸了個懶腰。

探員老劉走了進來，呈上了驗屍報告。趙自成法醫的報告向來又快又詳盡。花了半天工夫，菲力探長把驗屍報告的重點歸納如下：

三名男女是活活燒死的。他們的身上沒有遭人以暴力對付，或者遭遇他人襲擊所造成的外傷。燒的最焦的是張少麗，其次是張喜春，陳競成的身體高達九成燒傷。

三人腹內都有安眠藥殘餘的成分。由分量看來，陳競成服了三片，張家姐妹各自服了一片。

一片安眠藥雖然可以讓人沉睡，烈火焚身時，還是有一些知覺的。

張家姐妹腹內也有一些止痛藥的成分，陳競成的腹內則含有少於 30 毫克成分的酒精。三人的血液裡，找不到安眠藥與酒精的成分，由此推斷，三人是在自焚不久前，才分別服藥與喝酒。

從這份驗屍報告所歸納的要點，菲力探長找不出三人遭歹徒謀殺的跡象和證據。

依屍體燒焦的程度推斷：最先燒死的應該是張少麗，其次是張喜春，最後是陳競成。

可是，這樣的推斷又能夠證明些什麼？點火燒人的是誰？自焚了斷的又是誰？提議這麼做的是誰？答案還是等於零！

只要證明這不是一起謀殺案，菲力探長的心頭總算可以放下一塊大石。這起命案的種種疑點，最後揭開答案的，或許只有寄望驗屍庭的驗屍官了。

七

1970 年 7 月 3 日，離三屍案不到三個月，案子提呈驗屍庭研審。

三名死者所戴的手錶指示的「死亡時間」，幾乎節外生枝，為這起案子增添多一個謎團。

陳競成的錶針停在午夜 12 時 34 分，張少麗的錶針與陳競成的相差了 21 分鐘，張喜春的手錶已燒焦，但仍依稀可辨，跟少麗的相差不大。

死亡時間不一致，可能的情況是：當中一人燒死兩人後才自焚；兩人合謀燒死一人後，各自自焚；三人一個接一個輪流自焚。

問題是，三人的手錶都會準嗎？

如果準的話，這樣的推斷才能夠成立。

不準的話，推斷便站不住腳，那三人可能是同時自焚的。

手錶時間不準的可能性不大，因為，三人都是上班族，應該都會留意手錶時間的準確性。

除此，三人探病後「失蹤」的那段期間，遭遇了什麼事情，做了些什麼？查案人員始終無法查知。

是否有外人牽涉？查案人員並未完全排除這個可能性，但也沒法掌握實際的證據。

無法證實的證據，或者沒有物證配合的推測，只會混淆真相。

因此，驗屍官宣判此案為：懸案。

理由是：太多謎團和死結，無法得到解答。

這些謎團都已在熊熊烈火中，化為綿綿長恨，隨著三名男女死者永埋地下了！

四童冤殺

1979 年芽籠峇魯（Geylang Bahru）發生的四童謀殺案，慘絕人寰，轟動一時。

案件牽動全城市民的心，各種傳聞幾乎干擾了查案工作，警方後來甚至透過當時的文化部，籲請各報合作，力促市民提供線報。

天下真的有那麼喪盡天良的歹徒嗎？連與世無爭的四個天真小孩也要斬盡殺絕。歹徒夜裡能夠安睡嗎？還是歹徒早已沒了良心！

「匆匆又過了四年，大家是否還記得去年 1 月 6 日在芽籠峇魯所發生的慘絕人寰的慘案？陳家的四個小孩國平、國興、國順和珍妮慘遭凶手殺害，凶手至今仍逍遙法外，實在令人痛心！死者家屬希望目擊者能挺身而出，提供線索，將凶手繩之以法，以慰死者在天之靈。」

從 1980 年 1 月 7 日開始，一連四年，在本地華文報刊登的這則追思啟事，不但盡訴陳家人心中無限的苦痛與悲傷，也震撼了不少社會人士。

聯合追思的不只是四個孩童的父母陳慶財與李美英，還包括他們的伯母、舅母、姑丈、舅父以及乾媽等 16 名親戚。

在這起被形容是新加坡歷來最殘酷、最沒人性的謀殺案中，凶暴無情的凶手究竟有多少人？他們究竟跟陳家有什麼深仇大恨，竟然連天真無辜的小孩也不放過，忍心狠下毒手，一一殘殺滅口！

36 年過去了，毫無人性的凶手，每晚墊高枕頭，四條無辜的冤魂頻頻向他或他們索命時，還能睡得安穩嗎？他或他們的良心恐怕已經不在了！

一

1979 年 1 月 6 日上午，對經營小型私人校車的陳慶財與李美英夫婦來說，是個晴天霹靂的黑色日子。一個幸福和諧的小康之家，父母子女相隔不到四小時，卻已陰陽永隔，變成了心中永遠的痛！

這一天清晨 6 時 35 分，夫婦倆一如往常，離開了芽籠峇魯第 58 座組屋一房式的住家，吻別了還在甜夢中的四個孩子，開著校車載學生上課。

7 時 10 分，陳母李美英按平日的習慣撥電話回家要叫醒三子一女上課，可是電話響了好久沒回應，她連撥兩次也沒人接電話。

李美英發現有點不對勁，放心不下，便撥電話給鄰居，託她敲門看看孩子怎麼樣了，同時喚醒他們準時上學。

上午9時，陳姓女鄰居去敲門，屋裡沒有回應。近10時，李美英先行回家，誰知她用鑰匙一開啟大門，看見客廳空無一人，心裡起了疑心。一踏入廚房，她登時給眼前的一幕嚇得魂飛魄散。

四個子女滿身是血，早已橫屍在浴室內！

她呼天搶地，幾乎昏了過去。鄰居聞聲趕了過來，將她扶穩，協助她撥電話報警。

警方接到報告後抵場，幾乎所有的警員見了眼前的慘狀，無不倒抽了一口大氣，連專門偵辦謀殺案的刑事偵查局特別罪案調查組幹探，也都大為震驚，他們不敢大意，馬上展開了嚴密的現場鑑證與調查。

負責此案的楊保德助理警監，緊縮雙眉，吩咐手下進行寸土搜查，不要放過屋內的一切證據。

初步現場調查所得，屋子沒有強行破門的跡象，鐵門與木門完好無損，屋內也沒被人翻搜的痕跡，客廳、房間、廚房與浴室也沒暴力打鬥或激烈掙扎的痕跡。四個小孩的書包還放在小桌上，另一張小桌則放著兩尾魚。

為免現場線索受到破壞，警方進行了大封鎖，嚴禁外人包括報界與電視臺記者進入採訪。

直到案發兩個小時後，在各報記者據理力爭之下，警方只准每家報社派一名代表入內。

四童穿著汗衫與短褲，每個人的頭部被砍剁了多刀，手腳與身體傷痕累累。小女孩還幾乎被毀容，大孩子的右臂幾乎斷開。

陳家四兄弟遭凶殘滅口，是獅城最嚴重的一起殺童案。

四個瘦弱的屍體一具疊一具，血肉模糊，鮮血泉湧，廚房的一個水盆都是血，整個現場像是人間煉獄，驚心怵目，空氣中瀰漫說不出的血腥味，好幾個記者一離開現場，終於忍不住依牆嘔吐，更有幾個記者眼淚不禁奪眶而出！

「凶手斬盡殺絕的手段好狠毒！」

連有多年經驗的幹探都如此形容：凶手比禽獸都不如！

二

四名無辜送命的小孩是 10 歲的陳國平，又名亞平、8 歲的國興、6 歲的國順和 5 歲的珍妮。三個男孩在同一所小學唸書，珍妮則剛上幼兒園。

根據黃慶寶法醫的驗屍報告顯示，四童身上每人最少中了 20 刀，凶器應該是一把菜刀，而廚房正好有把菜刀不翼而飛，或許已被歹徒帶走。

由於現場沒有遭賊破門的跡象，查案人員最先推斷，凶手可能是陳家認識的「熟人」，因為左鄰右舍都說他們之前沒聽到異聲與孩童的叫喊，可見凶手很可能是陳家四個小兄妹熟悉的人。

警方也不排除凶手用複製門匙開門入內，然後把陳家四兄妹，逐一從睡夢中叫醒，帶到廚房後面的浴室，一一加以殘殺後，在水盆清洗染血的雙手與凶器，以便銷毀證據與指紋。

為了慎重起見，警方也做了假定命案現場入賊的推論，可能賊徒下手時驚醒了小孩，於是殺他們滅口，犯案後又匆忙逃跑，來不及翻搜屋內以及劫走財物。可是，要一下子把四個小孩驚醒的可能性不大，除非當時四個小孩已經醒了，但是為什麼沒有一個喊叫？如果不是左鄰右舍各掃門前雪不加理會，便很可能只有一個說法，那便是四個小孩遇到的，都是「熟人」！

警方於是針對「凶宅」的鄰居，展開大規模的調查，傳召了陳氏夫婦倆的左鄰右舍進行詳細的盤問，同時也透過媒體，呼籲目擊者提供情報。

除了從劫殺角度切入調查這起冷血謀殺案之外，警方也著手追查陳氏夫婦的交遊背景與人脈關係，從私人仇怨的角度，擴大偵訊範圍，包括：夫婦倆是否曾經得罪人、校車生意是否招人妒忌等等。因為，四個受害人都是天真無邪、活潑可愛的孩童，怎麼可能與人結怨，或許是對方跟大人有仇，要殺小孩「絕」其後代？

然而，即使跟大人有仇，也不應該禍及無辜的小孩，凶手簡直是喪盡天良，警方恨不得盡快破案，將凶手繩之以法。社會人士也莫不義憤填膺，紛紛譴責歹徒草菅人命、令人髮指之獸行！

在慘案發生的兩個星期過後，正值華人新年期間，一封寄到陳家的「賀年卡」引起了警方的留意。卡上的字以華文書寫，滿帶「幸災樂禍」的語氣。由信封上叫陳氏夫婦為阿財與阿英的暱稱，以及知悉他們已經絕育的情況顯示，警方幾乎確定凶手一定是熟悉陳家背景的人。

警方不遺餘力、日以繼夜明查暗訪後，曾經掌握好幾個可靠的線索。但是，在進一步深入調查，跟案發時間與現場環境證據比對時，苦於無法找到突破點，案情進入了膠著狀態。

在這幾個線索當中，有人透露，在案發那段時間內，一名男子曾在案發住家後面的組屋六樓，看到案發單位的廚房有一個小男孩被「大人打」，他以為是家長打罵孩子，因此沒多加留意，只是瞥了一眼，沒有認真看清楚對方的樣貌。警方也找不到這名所謂「目擊者」。

除此，有一名計程車計程車司機看了報紙的呼籲後，向警方報稱，他在案發當天上午 8 時，開計程車路過離開案發組屋不遠的芽籠峇魯第 96 座組屋時，載了一個 20 多歲的可疑青年。這名青年的左邊身子帶有血跡，褲頭露出刀子，整個人慌慌張張，神態疲倦，靠著計程車門邊，不斷喘大氣。他在勞明達街喊停，付了車資，匆匆離去。

查案人員過後就這點查問陳慶財，陳慶財依據計程車司機的描繪，懷疑這個青年是住在同座組屋的「熟人」。這名男子幾乎每天上陳家借電話，跟陳氏夫婦與四個小兄妹都很熟絡，小孩還親暱地喊他叔叔。

查案人員於是把偵查目標鎖定在這名馬來西亞男子的身上，嚴厲密集地盤問了他，但卻始終無法找到真憑實據證明他案發時曾經在現場出現。警方扣留了他兩個星期，還是苦於無法找到有力的證據，最後只好把他給放了。男子過後搬了家，住在那一帶的人都表示不知他的去向。

陳氏夫婦多次被傳召到刑偵局接受警方的盤問，兩人口口聲聲說從未得罪人，過的是平淡的生活，四名子女也很乖巧聽話，人見人疼。

三

其實，早在 1979 年 1 月 7 日，案發後的第二天，查案人員曾經傳召兩名婦女問話，但過後釋放，警方沒有透露她們被扣留問話的詳情。

由於現場除了四具不忍卒睹的童屍與布滿浴室的鮮血之外，歹徒幾乎沒留下任何蛛絲馬跡，而凶手在殺害四童時並未驚動左鄰右舍，行凶手法乾淨俐落，不留痕跡，不由叫人聯想到此案或許是「職業殺手」所為。警方無法找到相關的證據，否定了這個可能性。

在這之後，各種傳聞不斷，包括陳氏夫婦有個親友向報界透露，夫婦曾經經營私人「銀會」，結果其中一名「會腳」

標得銀會卻拒絕還清超過千元的「死會錢」，便與陳氏夫婦發生爭執。好多個「會腳」（參與銀會者）也紛紛向作為「會頭」（召集人）的陳氏夫婦追討會錢，令夫婦倆不勝其煩，生活受到干擾。

警方按圖索驥，依據所掌握的資料，傳問了涉及銀會的左鄰右舍，後來追查到一名涉及陳家銀會的男子，把他帶返局內查問。這男子是個「賭鬼」，查案人員沒法在他的口供中，證明他跟血案有關，而陳慶財則聲稱，他從未因為銀會之事與人結怨。

雖然警方已傾全力偵辦此案，前後傳召了百多人問話。可是由於此案確實殘酷可怖，人神共憤，社會輿論與各方壓力排山倒海而來，不但查案人員受到極大的困擾，連陳氏夫婦也不例外，喪子失女傷悲欲絕之情猶如蟲蟻噬心，痛苦不堪之餘，還要面對各種傳言的折磨，夫婦倆甚至多次透過報紙，親口「闢謠」，希望民眾不要讓他們「雪上加霜」，令他們身心再受打擊與折磨。

警方最終也出面透過報端，表示警方已經想方設法透過各類管道，從種種可能的角度，包括所掌握的資料，甚至各報讀者所提供的線索，他們都經過小心翼翼的分析、認真重複的查核、去蕪存菁的過濾與深入仔細的調查，然而都無法找到證據來確定可疑的嫌犯。警方後來還破天荒要求各報不要再作進一步報導和此案相關的傳聞，以免混淆偵查的方向，以及干擾警方對鎖定目標的跟進工作。

1985 年 10 月 16 日，這起冷血屠殺案發生後的六年，案件提呈上驗屍庭研訊，警方只能證實凶器是案發單位不見的一把菜刀，至於歹徒人數、凶殺動機、行凶過程等等，查案人員偵查多年仍徒勞無功，內情還是無法查個水落石出。

不過，負責警官楊保德助理警監曾經在庭上透露，警方已經掌握了一個新線索，並且依據這條新線索，繼續會做更緊密的追查。

這條新線索到底是什麼？楊保德助理警監並沒在庭上詳細加以說明。

曾經有報紙報導陳家大孩子在跟歹徒反抗時，右手抓了一撮對方的毛髮，以致他的手臂差點被砍斷，但這項報導給警方否定了；也有報導說是發現可疑的血跡之中，有幾滴不是屬於被殺孩童的血，很可能是凶手所留下的，但是，這報導也沒有獲得警方的證實。

另一方面，陳氏夫婦在案件發生後，只要一看到乘校車的學生，便會想起那四個可愛的孩子，夫婦倆經常因此相擁對泣。陳慶財更是無法專心開車。為了不想影響其他孩子的安危，夫婦倆結束了校車生意，寧可到工廠打工。

幾經艱辛困苦，好不容易漸漸擺脫了內心的陰影與傷痛，夫婦倆都很疼愛小孩，希望領養一子一女。原本已經絕育了的他們，堅強地站了起來，接受再育手術的挑戰。最終皇天不負有心人，夫婦倆如願以償，養育了一對子女。

馬債三屍

荷蘭路豪宅，一對夫婦與養女，慘遭28刀奪去三命。中刀最多的是女主人，莫非凶手特別憎恨她，是衝著她而來，向她報復？她人脈很廣，活躍於香港與新加坡的娛樂圈，還有本地的馬圈。

警方曾經從馬場債務的方向偵辦此案，推斷凶手或許是「熟人」，不過，趕盡殺絕的動機，究竟是什麼……

黃昏，街燈昏黃。

雨紛飛，風漸冷。

荷蘭路綠葉景豪華私人住宅區在霏霏細雨之中，顯得格外冷清。

一棟兩層樓高的半獨立式洋樓傳出震耳欲聾的聲浪，歌樂夾雜著吵鬧的人聲，破壞了原本高雅幽靜的氣氛。

左鄰右舍感到納悶的是，聲音分明是從電視機或收音機傳出來的，半獨立式洋樓內的人不可能充耳不聞，總不能騷擾到鄰居呀！

超過三個小時了，真是吵死人了！

左鄰右舍開始煩躁不安。

莫非半獨立式洋樓內發生了不尋常的事？

涼風微雨之中，只見洋樓四周的窗門緊關，屋內卻燈火通明。

究竟發生了什麼事？

一

左鄰右舍很想找出答案。

接到電話趕到現場的柏利拉探長也不例外。

探員里奇從洋樓二樓下來，開了大門鐵柵，臉色青白。柏利拉探長看在眼裡，知道事情並不簡單，未等屬下開口，他搶先步入樓下大廳。

客廳布置豪華典雅，牆上掛了四幅用七彩繽紛的多種貝殼鑲成的「駿馬奔跑」圖。

每幅圖都有一個主題，分別是：一馬當先、馬到成功、馬上英雄和龍馬精神。

彩圖的主角是個穿戴雍容華貴的華婦，豔光照人，風韻猶存，牽著一匹駿馬。

彩照的背景是武吉知馬賽馬場，那匹駿馬顯然是參賽勝出的名馬，牽馬的要不是馬主，便是馬主夫人。

步上二樓，氣氛與大廳的典雅大不相同。

尤其是二樓的三間臥室，在詳細觀察調查了將近一個小時，連見慣不少血腥場面的柏利拉探長也眉頭深鎖，慢慢地靠著牆，深深地吸了口氣。

這三間哪像是臥室，簡直是像「宰房」！

第一間臥室內橫躺著年近 50 歲的男子，胸部與頸項都是刀痕。

第二間臥室躺著的便是彩照中的華婦，全身是血，刀傷纍纍，比男的更多。

第三間臥室俯臥著年約 13 歲的女孩，頭部與身上也有傷痕，頸項血肉模糊。

三名遇害人的頭部都被布矇住，手腳被繩索反綁，口裡塞了布塊。

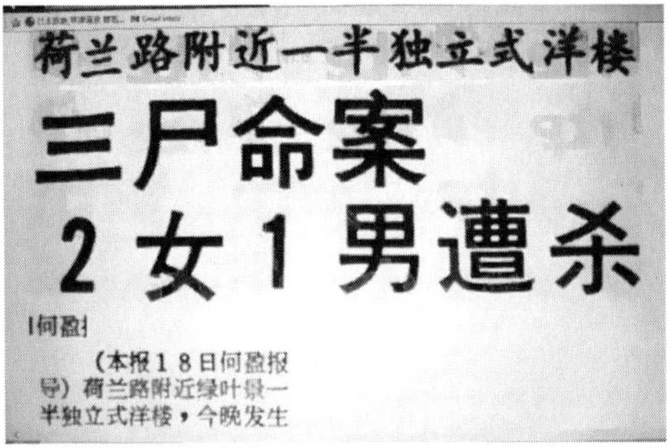

荷兰路附近一半独立式洋楼

三尸命案

2女1男遭杀

何盈

（本报18日何盈报导）荷兰路附近绿叶景一半独立式洋楼，今晚发生

荷蘭路三屍案，當年轟動社會。

第一與第二間臥室內一片凌亂，顯然遭人翻箱倒篋過。

柏利拉探長好不容易才定下神來，正當他在指揮手下進行寸土搜查時，好幾個男女哭著跑了進來。

他們是遇害者的家人。

遇害者的身分隨著揭開。

男死者名叫張九財，又名張泉德。華婦叫姚麗明，英文名安娜，馬來西亞人，是張九財的情婦。小女孩是姚麗明的養女，名叫姚碧霞。

查案人員在現場錄取張九財的家人的口供時，並不順利。因為，一下子三個親人陰陽永隔，傷心悲痛之下，家人的情緒一直無法穩定。

問起張九財的職業，家人都搖頭表示不清楚。

柏利拉探長雖然推斷張九財的職業可能跟馬有關，但一時未能從他的家人口中證實。

查案人員過後從安娜房中取出一大疊相簿，交給柏利拉探長。

柏利拉探長翻了翻，發現內裡的彩照都是安娜跟一些香港明星藝人合拍的。這些藝人包括：李香琴、鄧碧雲、張仲文、恬妞、李影、楚湘雲、伍衛國、任達華、鄭裕玲等等。

難道命案跟複雜的娛樂圈有關聯？

望著窗外連綿細雨，已經是 1983 年 1 月 18 日午夜 12 時了，雨還未停歇，看樣子可能會下個通宵達旦。

柏利拉探長的思緒猶如雨絲般紊亂，現場似乎找不到其他的線索，只好下令收隊。

在外頭淋雨的各報記者，吃了一夜的閉門羹，向來到現場的警方發言人要了簡略的案情後，匆匆奔返報社趕稿去。

二

法醫黃慶寶剖驗的結果是：三名遇害人都是在屍體發現的當天上午被殺身亡的。

安娜的刀傷共有 15 道，幾乎遍布全身，頸項和喉嚨割斷是致命傷。

張九財前胸和頸部中了 11 刀，奪命的也是「割頸」的那幾刀。

姚碧霞這小女孩頸項留下 2 道刀痕，頭部和身上另有多道割傷與擦傷的痕跡。

28 刀奪三命，凶手可真是心狠手辣，尤其是小女孩更是無辜受牽連，試問，一個還在念書的孩子，又怎麼會跟人結怨呢？

跟人結怨有仇的難道會是安娜或者張九財？

從三名遇害人身上所受的刀傷推斷，中刀最多的是安娜，莫非凶手特別憎恨她，是衝著她而來，向她報復？

除此，在安娜臥室內發現的一把染血的菜刀證實是凶器，而且推測安娜是最後一個被殺害的。凶手「留」她到最後，用意何在？是向她「逼供」？要她「供」出什麼事情？

最可憐的是小碧霞，她橫屍床上，身體沒有掙扎的跡象，很可能是在睡夢中慘遭毒手。凶手為何如此草菅人命，連一個 13 歲的小孩也不放過？

難道凶手是「熟人」，怕小女孩認出真面目，一不做二不休，索性殺她滅口？

趕盡殺絕，動機是什麼……

一連串謎團在柏利拉探長的腦海中糾纏，越纏越緊，令徹夜未眠的他，感到胸口開始作悶，而且隱隱作痛。他一連打了好幾個呵欠，輕輕地合上了雙眼，讓自己冷靜下來，小睡片刻。

里奇探員敲門進來，已經是兩個小時以後的事了。

放在桌上的是檔案組交來的罪案紀錄，男死者張九財的職業不詳，但卻有賭博案底。女死者安娜也是個賭徒。

從「凶宅」客廳的駿馬圖推斷，兩人應該是涉及賭馬活動，是因為馬債招惹殺身之禍？

要求肅賭組蒐集張九財與安娜在馬圈的活動資料後，以柏利拉探長和里奇為主的 10 名探員，再度回到血案現場，展開另一輪寸土搜查。

調查範圍還包括向左鄰右舍探聽案發前後幾天「凶宅」的情況，以及出入洋樓的人物的舉止動向。

挨家挨戶的傳問，雖然是費事費力的老土方式，不過，「土方」有時卻相當有效。

花了一整天，柏利拉探長雖然疲憊萬分，雙眼卻充滿精光，此行並沒白費，掌握了一些線索。

第一條線索是：樓下的浴室內，暗藏了一筆近兩萬元的現款，用塑膠袋裝著。

第二條線索是：安娜平日開的一輛紅色日本汽車，在現場附近的荷蘭村停車場被發現。

最重要的線索是：有目擊者在案發當天，見到這輛汽車從張家的洋樓開出，車內晃動著三條人影，形貌卻因為車行太快，沒能看個詳細。

換言之，這起血案的凶手相信最少有三人，然而，他們究竟是誰？

三

柏利拉探長準備向張九財相熟的朋友下手查問，他指派了幾名探員，先調查張九財的交際範圍。

由於張九財的髮妻和子女都沒跟他同住，因此，張家家人對洋樓內的情況並不清楚，包括不知道是否存放了貴重的財物。

三間「殺人」的臥室凌亂不堪，好像曾經被人大翻搜，查案人員懷疑那是歹徒所放的煙霧彈，故意布下搶劫的假局，轉移警方偵查的方向。

柏利拉探長排除了這起三屍命案是由搶劫引起的，但是，對於浴室藏款之事，卻深感不解。

還好肅賭組花了整個星期，終於蒐集了跟張九財相關的不少資料。

柏利拉探長知道警方公關部門並沒向報界釋出這些資料，可是，好幾家報紙都以爆內幕的方式，爆了一些「內情」出來，可見張九財和安娜的人脈極廣，認識他們的人可真不少。

原來，張九財曾經在一家私人俱樂部當荷官，為人沉默寡言，卻很講義氣。在私人俱樂部工作了幾年，有了相當的積蓄之後，他便投資在馬匹的身上。

轉入馬圈，一帆風順，他憑著一匹叫做「穩定」的駿馬，贏了不少錢，開始聲名大起，不少黑白兩道的人馬都想認識他，要跟他交往。

根據張九財的友人向查案人員透露，張九財雖然身在賭馬的圈子，但他從不爛賭，賭風穩健，不賭沒把握的馬匹。

張九財還這麼對友人說，他已經「功成身退」，不想再冒險，很想「金盆洗手」，因此，在他遇害的兩年前，他已經跟馬圈中的人，包括外圍賭馬集團的「卜基」（開盤收注的莊家），疏遠了很多。

有傳聞指張九財曾經欠下一筆五到十萬元的馬債。不過，以張九財的經濟情況來說，他擁有最少兩棟洋樓，五到十萬元的債務，對他而言，只是「小兒科」。

何況，馬圈與外圍賭馬集團之中，「賣面子」給他的人不少，如果追債，求的只是財，搞到要鬧出血案，連奪三命，不像是「討債人」的手段。

「只有人家欠我父親的錢，我的父親怎麼可能欠人家債！」

張九財的一名兒子，不止一次對查案人員這麼表示。

那麼，涉及債務的會是誰呢？

莫非是安娜？

四

安娜姚麗明的背景比起張九財「複雜」多了。

除了馬圈，她跟娛樂圈關係密切。這兩個圈子也是夠「複雜」的。

這個風韻猶存的女人，可說是個「傳奇人物」。

她來自怡保，遠在50年代，她已經是個「舞國皇后」。當時，她在新世界娛樂場內的一家舞廳下海伴舞，綽約風姿與迷人嬌態，風靡了不少狂蜂浪蝶，拜倒在她石榴裙下的顧曲周郎大有其人。

20年前，她邂逅張九財，兩人共築愛巢，過著夫婦般的生活。

安娜沒替張九財生兒育女，她收養了碧霞，讓這女孩跟她同姓。其實，在她和張九財同居之前，她生了兩個女兒，但都已遠嫁到外國。一個在香港，一個在澳洲。

嫁去香港的女兒，夫婿是粵語片時代某紅牌藝人的弟弟。因此，安娜與香港娛樂圈亦有來往，影視藝人都暱稱她：張亞姨。

圈中人如此形容：張亞姨熱情豪爽，出手很闊，人緣極佳。

由於早年曾經在舞國「叱吒風雲」，「收山」之後，安娜仍然依戀昔日燦爛多彩的生活，不甘就此歸於平淡。她轉而向上流社會和娛樂圈穿梭應酬。

安娜很喜歡捧影視藝人的場，經常組織太太團，在夜總會擺席宴客。即便是本地歌影視藝人，她也一視同仁。有一回，本地歌手岳雷登臺獻藝，她甚至還拉了碧霞 30 多個同學，組成小歌迷啦啦隊，捧場湊熱鬧呢！

安娜也愛「玩車」，更愛打扮得珠光寶氣，餐廳夜總會的男女服務生都很歡迎她到場，因為她出手豪闊，小費與紅包可不少。

不過，安娜有兩大弱點。

第一：酗酒。

第二：爛賭。

她興致勃勃時，幾瓶萬蘭池烈酒，猶如白開水猛灌。要命的是，酒喝多了，話也多，脾氣更是與平日判若兩人，經常開口謾罵，得罪人而懵然不知。

賭馬與推牌九最叫她沉迷。

她跟張九財的「精賭」簡直相差天南地北，她揮金如土，下注很大，逢賭必到，輸贏皆面不改色。

張九財看在眼裡，屢勸她不聽，只有搖頭暗嘆。

三屍命案的歹徒目標如果是針對安娜，這是否跟她酒後失言，得罪了黑道分子有關？還是醉後「爆」出了一些見不得光的「祕密」，種下了禍根？

還是在賭圈或外圍集團有債務糾紛？或是跟娛樂圈的人有瓜葛，驚動了娛樂圈背後的黑幫？

這幾個圈子追查起來，好像雪球翻滾，越滾越大，牽扯也會越牽越遠。這案子，可真傷腦筋！

五

依照一般的推理，被謀殺的死者背景複雜，線索與情報極不容易掌握，因為圈子大，目標多，人雜口也多。消息雖然不少，但都是傳聞占多。

光怪陸離和黑幕重重的娛樂圈與賭馬圈，混雜了不少三山五嶽的人馬，發放的消息，虛虛實實，雜上加亂，使三屍血案更加撲朔迷離，增添了神祕色彩。

以娛樂圈為例，曾經傳出此案涉及「淫媒」活動。

娛樂圈向來良莠不齊，當然少不了靠「額外服務」撈錢的藝人。傳出的消息指，一些不紅不紫的藝人，透過國際賣淫集團，以登臺獻藝為幌子，實則暗操醜業！

這個國際集團分布線集中在港、臺與新馬，每個地方都有「淫媒」接頭，安排一切。

這種見不了光的活動，有時難免會因利益上的衝突，「地盤」的爭奪，發生摩擦，積怨結仇。

可是，調查這一範圍遇上的棘手問題是：難以搜尋真憑實據。因為這些活動都是祕密進行的，不是圈內人，又要如何掌握當中的祕密？若是祕密外洩，後果可想而知。

柏利拉探長並沒依據這條線索追查，因為那些都是傳言，只會把調查的目標引向沒有結果的方向去。

其實，這類傳聞，由來已久，就算跟娛樂圈不熟悉的人，只怕也可以提供這類資料。更何況，光是說，沒證據。

引起柏利拉探長留意的倒是馬圈與外圍賭馬圈提供的一些情報。

情報透露，安娜在馬圈的狂賭，名噪一時，她賭癮很大，下注也大，在馬圈很「吃得開」。

據稱她曾經替一名著名的練馬師「擺平」了一個「大麻煩」，跟檳城一名馬主鬥智過招。

這馬主是個來頭不小的人物，在檳城的圈內人，個個都很敬重他。

有一天，馬主到馬房看馬，卻被練馬師奚落一番。這還不要緊，就在兩人口角，拉拉扯扯之時，練馬師把馬主推倒在地。

馬主勃然大怒，聲言絕不罷休，他要讓練馬師「走投無路」，方能消他心頭之恨，言畢，拂袖而去。

練馬師知道這回闖了大禍，四處託人向馬主求和。他出動了多方人馬，多番奔走，卻始終沒法。

有人提起安娜的名字，練馬師馬上漏夜拜訪安娜，要求她出面調解。

安娜後來答應，跟馬主周旋時，傳聞只說了「一句話」，便解決了這件事。

當然，馬主也要面子，他開出了一些條件要練馬師照辦，他才不追究那「一推之恥」。

那「一句話」內容不得而知，卻可見安娜在馬圈的確「舉足輕重」，買帳的人可不少。

練馬師「感恩圖報」，給了安娜寶貴的貼士（tips，指內幕消息），讓她一連好幾個月，在馬場上大有斬獲，威風四面。

本來，這是件「祕聞」，所知的人不多。然而，安娜為人豪爽，雖然說好出風頭，對朋友卻蠻講義氣。她一拿到可靠的贏馬貼士，常跟朋友分享。

友人見她所給貼士如此靈驗，為他們帶來財氣，便問起貼士的來源，安娜犯了多嘴的大忌，不禁得意洋洋，興致勃勃的大爆「內幕」。

馬圈與賭圈最忌招搖自大，眼紅妒忌的人不少，早已經虎視眈眈，伺機反撲。

安娜的遇害，會不會是涉及了馬場的恩怨？

柏利拉探長帶領手下追查這條線索的結果卻是徒勞無功，因為活躍在馬圈與賭圈的分子，最忌跟警方人員打交道，傳問起來，幾乎個個都搖頭說不知。

所有的線索和情報，如斷線的風箏，一去不復返。

六

柏利拉探長並不死心，轉向安娜與張九財遇害前幾天的活動，進行了明查暗訪。

這方面的查訪，倒有幾點引起柏利拉探長的關注：

珍珠街一家菜館的女服務生小蔡透露，命案發生的前一個深夜，張九財曾經到菜館吃宵夜，由於他與安娜是常客，她認得他們兩人。

小蔡憶述了當晚的情形：「九財叔正在吃宵夜，電話響了，我去接聽，我聽得出對方是張亞姨的聲音。後來，我把電話筒交給九財叔，他說了幾句，最後還語氣很急地嚷出了這麼一句：妳又不認識他們，為什麼幫他們開門？」

一說完這句話，張九財連宵夜也不吃便匆匆離去。

第二天上午 11 時（揭發三屍血案的當天早上），安娜的女傭冒雨從市場回來，抵達綠葉景洋樓門前，只見有人開了安娜那輛紅色的日本車離去。

這名女傭說：「我只見到前座有兩個人，樣子卻看不清楚。過後，我想進洋樓，鐵門卻深鎖，只聽見陣陣音樂聲傳出。我高喊碧霞來開門，喊了好多遍，沒人回應。我還以為剛才駕車出去的是九財夫婦。不得其門而入，我只好回家，誰知……」

案發前的一個黃昏，一名姓林的賭徒曾經撥電話給安娜，表示要跟她結算一筆馬帳，但卻沒人接聽電話。

至於浴室內暗藏的近兩萬元現款，當中 1 萬 7,000 元，是張九財的一名至親在案發前兩天（即 83 年 1 月 16 日）交出來的馬帳。

這名至親也曾經在 83 年 1 月 16 日到 18 日多次致電安娜，同樣沒人接聽。

18 日下午 4 時，這名至親忽然覺得事情有點不對勁，他不放心，趕到洋樓按門鈴，沒人應門。

這名至親說，張九財遇害之前常跟安娜吵架，為何口角，他並不清楚。

根據這幾個人的口供，柏利拉探長的推斷是：張九財在吃宵夜時，已經有人闖入洋樓，要找安娜「談判」，所談之事，顯然是引起殺機的關鍵。

張九財趕回家後，相信也參與「談判」了一段相當長的時間，因此，直到第二天接近中午，女傭才見到汽車開走。女傭萬萬沒想到，開車的不是主人夫婦，而極可能是冷血殺手。其實，根據另一目擊者說，車內有三人，或許，女傭太匆忙，她只看到前座兩人，後座那人她沒見到。

究竟是什麼大事，必須通宵達旦「談判」？柏利拉探長從張九財與安娜的傷痕，相當肯定的只是兩人在未斷氣之前，曾經飽受虐打，懷疑兩人是在歹徒「逼供」之下，不肯說出「祕密」，而遭毒手。

因為，從當晚收音機與電視機的聲浪驚動鄰居的掩飾手法顯示，歹徒是經過策劃，有備而來，手段高明，好像是「職業殺手」的手法。

不過，「職業殺手」通常都是乾淨俐落，一刀或者一槍奪命；而張九財、安娜與碧霞，一共中了 28 刀，那又說明了什麼？

只能推測是用刑逼供，到最後無計可施，才出「殺手鐗」，割頸項，斷喉嚨！

到底是哪一方的人馬所做？

1986 年 12 月 15 日，這起懷疑跟賭馬債務相關的命案提上驗屍庭研訊時，柏利拉探長還是無法查出殺手的身分以及命案的真正動機。

一連串的謎團，直到今天還是沒揭開！

五彈四命

如切徑柳家一家四口，在一個晚上遭神祕槍手開槍奪命。由於柳家守口如瓶，警方也不多說，報界所獲知的資料非常有限。

此案有何難言之隱？是復仇？還是另有內情？

傳聞柳家曾聘請泰國得道高僧，超度緝凶，但也一無所獲。警方從多個角度追查，直到今日，還是無法破案。

夜涼如水，冷月斜照如切徑一棟雙層排屋。

21 歲的啤酒花園收銀員柳敏敏，拖著疲憊的身子，開了門進屋後，已經是呵欠連連。

這棟排屋住了六個人，他們是：柳家 63 歲的母親石素紅、26 歲的柳聯榮、22 歲的冷氣技師柳忠榮、20 歲的繪圖員柳麗麗和 18 歲的新加坡技術學院學生柳炳榮。

柳敏敏與柳麗麗同睡樓上一臥房，柳敏敏睡在鐵架床上層，柳麗麗睡在下層，柳忠榮和柳炳榮同在一房，石素紅則在另一房。

柳敏敏進房時，看了看腕錶，已是凌晨 1 時 45 分，再瞧了瞧麗麗，睡得可正甜，凌晨 2 時，她換了睡衣，上床就寢。

敏敏一覺到天明，醒來時已經是上午 11 時了。她連忙起身，卻發現同房的妹妹麗麗並不在睡床上。

「或許出門了吧？」

梳洗過後，敏敏經過母親石素紅的房間，大吃一驚，房內竟然一片凌亂，兄長聯榮的房間則上了鎖。

敏敏心裡忽然有種不安的感覺，她慢慢步下樓，發現鐵門和推動式的玻璃門都已經開啟，大門也大開。另一兄長忠榮的房門緊鎖，廚房內留下了一個抱枕。

敏敏懷疑家裡進了賊，決定撥電話報警，可是卻又發現鋪設在樓梯間的電話線已被割斷。

這時，她開始害怕了，匆匆忙忙關好了前門之後，她從廚房的側門飛奔出屋外，然後跳上腳踏車，一路踩到直落古樓大路一間咖啡店，撥電話向大姐美美求助。

美美吩咐敏敏等她到來，並且叫敏敏先不要報案，回家看個究竟再做打算。敏敏接著撥電話通知大哥說是家中進了賊，然後，心急如焚，踩著腳踏車回家。

在焦急地等候大姐的到來時，敏敏放心不下，決定爬上窗口望入哥哥忠榮的房內，這一望簡直令她心驚膽跳，畢生難忘：忠榮已經橫屍在血泊中。

敏敏驚魂甫定後，飛奔到鄰居家撥電話報警。

一

警方是在中午 12 時 05 分接獲報案的。報案人柳敏敏說，她的住家被搶劫，妹妹受了傷。

12 時 12 分，如切警署兩名警員先趕到現場調查，他們發現忠榮、炳榮和石素紅都像是中了槍，躺在排屋樓下充當工人房的儲物室的地板上，頭部鮮血狂濺，狀至駭人。柳麗麗則躺在樓上一間臥房裡，也是頭部流血，紅透床單與枕頭，而且衣衫不整。

12 時 17 分，救護車飛抵現場，救護人員證實忠榮、炳榮與麗麗早已氣絕，石素紅一息尚存，但卻昏迷不醒，傷勢垂危。

這看來不是一起普通的搶劫傷人案，而是嚴重的槍殺案件，當場奪去三條人命，還有一命待急救！

兩警員豈敢大意，馬上向上司彙報，通知刑事偵查局。

警方大隊人馬趕到時，天色忽暗，霏霏細雨，似在落淚。刑偵局這回不但出動了專門調查謀殺案的特別罪案調查組，也動用了專門調查槍械來源的匪黨取締組，還有專門反黑的私會黨取締組；罪案現場調查組更是把整條如切徑封鎖起來，展開寸土搜尋證據的工作，歷時近五個小時才收隊。

法醫趙自成也親自到場，據他初步檢驗顯示，柳家三兄妹都是給歹徒開槍擊中頭部慘死的，死亡時間推算是當天上午 10 時左右。

當中柳忠榮中了兩槍，他的前額、左胸、上顎、頸部與背部都有傷痕。柳炳榮和柳麗麗的右太陽穴被子彈射中，再從左太陽穴透出。石素紅的槍傷則是在左額和右太陽穴。

警方在命案現場展開調查的初步結果顯示，在柳麗麗頭部靠近的床邊，發現一枚點 22 口徑的槍彈，後房近廚房的兩張床墊之間，也有兩枚點 22 口徑的空彈殼，落在地上的抱枕內，還有一枚同樣口徑的子彈。

除此，警方發現屋內幾乎每間臥房都有被翻箱倒篋的跡象，在詳細檢查一番，並且跟柳家其他家人確認之後，貴重財物皆原封未動，只是一些檔案好像被翻動過。

凶手的目的顯然不是錢財，莫非他們在找尋重要的物件或檔案？

凶手看來是要故布疑陣，模糊警方偵查的方向，企圖誤導查案人員從劫殺的角度偵辦此案，好讓警方進入死胡同！

然而，歹徒這樣的做法，動機是什麼？個中真相，撲朔迷離，疑雲重重，教人費解。

全屋的活口除了上午 7 時已經上班的柳聯榮與逃過一劫的柳敏敏之外，唯一可能目擊槍殺案過程的便只有受了重傷的石素紅，警方把最後的希望放在她老人家身上。

二

可惜的是，奄奄一息的石素紅始終未清醒過來，她在第二天清晨 5 時 30 分在醫院不治。唯一的活口死了，切斷了警方套取重要線索的希望，對此案的調查工作，頓感艱難棘手。

尤其是三屍命案變成四屍慘案，更教警方高層感到極度震怒，因為，在短短不到兩年之內，即1979年1月6日，芽籠峇魯發生了陳家四個小兄妹遭歹徒殘殺的慘絕人寰命案，警方還在全力緝凶未果之際，如今又添多四條槍下新魂，警方所承受壓力之大，可想而知。

四童案的歹徒使用的是刀，柳家四口案的歹徒使用的是槍，歹徒同樣的心狠手辣，大有趕盡殺絕之意。兩案的共同點是：左鄰右舍完全沒聽到凶宅任何聲息，兩案歹徒皆似策劃周詳，有備而來，犯案手法同樣乾淨俐落，沒留手尾。

由於屋內沒有貴重財物與重要檔案遺失，警方並沒有排除劫財殺人的可能，查案人員雖然也從仇殺的角度切入調查此案，但卻無法收集到跟仇殺這一方面相關的資料與證據。

從柳家的背景調查所得，石素紅的丈夫是個木材商，1972年去世，她的一個兒子柳再榮一度是中國的保齡球國手，曾經在多家保齡球場任職。石素紅育有六子三女，年紀較大的已經成家立業，在外面自組小家庭。

據柳再榮透露，其父是個腳踏實地的正當商人，在生意上沒聽聞有商業仇敵。父親病逝後，家裡的兄弟姐妹對木材生意都不感興趣，沒有繼承父業，而且兄弟姐妹也各有專長，各人有各人的事業與志向。兄弟姐妹多人皆受高深教育，明白事理，父母和藹待人，整家人從未與人結怨。除此，家人個個為人低調，生活單純，不喜到處炫耀。

警方在調查了柳家各人的人脈關係後，陸續從柳家帶走了一些檔案與多本相簿備案，試圖從檔案與相簿中，找尋可疑的嫌犯。

另一方面，經過科學服務局的查驗後，證實柳家四口所中的槍彈都是來自點 22 口徑的左輪。警方因此懷疑冷血槍手最少開了 5 槍，槍管還可能裝上了滅音器。警方相當肯定的一點是凶手必定不止一人，因為單獨一人很難在差不多同一時間內制服四個成年人，並且都是近距離向柳家四口開槍射殺。

柳家排屋前面的鐵門與大門都沒有被撬開的跡象，由此看來，柳家當中一名家人可能是看到「熟人」，毫無防備，開門讓對方進入屋內後，對方馬上變臉，把母子三人押到工人房「談判」，「談判」破裂後，狠下心腸，開槍滅口。

最教警方費解的是：柳麗麗在案發後為何不在自己的房間？而睡在她上層床架的姐姐柳敏敏，又為何完全沒有被驚動？

從現場柳家四家人的死亡時間推算，警方推翻了石素紅母子三人被押「談判」的推論。警方懷疑柳忠榮是第一個遇害的，警方推斷是他先遭到凶手襲擊毆打，因此連上面的牙齒也斷脫了，他是在近距離內被槍射中前額與左胸的。柳忠榮的臥房也是最先被凶手翻搜的，在他被殺後，石素紅與炳榮驚醒了，結果雙雙難逃劫數，先後慘遭毒手。

至於柳麗麗相信是最後一個受害人，警方懷疑她在可能是在睡夢中聽到異響起床，到隔壁房探個究竟，沒想到不幸被凶手碰見，白白斷送一命。喪心病狂的凶手還下流無恥，竟然把柳麗麗的褲子強行脫下，造成劫財劫色的假象。

由槍手趕盡殺絕的殘暴手段看來，他們絕不會留下活口。柳敏敏可以安然無恙，可說是吉人天相。

據查案人員推斷，柳敏敏睡在鐵架床上層，前面堆疊與懸掛了一些衣服，槍手可能一時失察；另一推測是槍手身形矮小，因此沒有留意或者看清楚高處的事物，而柳敏敏則因輪值夜班遲睡，過度疲憊未被驚醒。

三

警方為了集中火力偵辦此案，由刑偵局多個菁英單位特別組成了「如切四屍槍殺案」專案小組，並且廣布線眼，偵騎四出，誓盡全力破案。

再三返回案發現場勘查的結果，柳家大門門口的車道，留下了幾道深黑色輪胎的痕跡，引起了專案人員的關注。

這很有可能是凶手在殺人後，急忙開車逃跑留下的。

在傳問左鄰右舍時，最初專案人員所得到的資料不多，但專案人員並不死心，經過多番努力，直到把偵訊範圍擴大到凶宅附近一帶之後，好不容易掌握了比較具體的線索，包括：凶手可能有兩到三個人，他們共乘一輛白色的「小駿馬」汽車。

那是案發當天上午 9 時，柳家隔鄰一對兄弟送友人出門到機場去的時候，無意間看見一輛白色「小駿馬」開進了柳家。他們並不認識，也沒認真看清楚車內的兩名男子，但卻認出了汽車後座坐的正是柳忠榮。

10 時 15 分，這對兄弟回家，發現白色「小駿馬」已經無影蹤，四周恢復了平日的幽靜。由於只是匆匆一瞥，這對兄弟無法具體描繪車內那兩個可疑男子的模樣與身形。

除此，現場附近一名姓蘇的洗衣婦也向查案人員表示，她曾經留意到這輛白色「小駿馬」，但在匆忙之間，她只記得車牌號碼是 147，英文列號卻怎麼想也想不起來。

綜合了各方蒐集的資料，專案人員懷疑柳忠榮很有可能是凶手針對的「目標」，這就解釋了柳家四名受害人之中，凶手在「盛怒」之下，向他多開一槍的原因。

可是，專案人員卻始終找不到有力的證據，證明柳忠榮生前曾經與人結怨。

另外，柳忠榮的屍體在被發現時，穿得整整齊齊，連襪子也穿上了，他是準備出門？出門做什麼？他在那個時候不是應該上班嗎？還是他已經出門回來？他的弟弟炳榮則赤著雙腳，顯然遇害之前是從酣睡中給異聲吵醒。

從鄰居兄弟的口供中，專案人員推斷，案發當天較早時，柳忠榮上班不久後，可能隨同兩名神祕男子乘白色「小駿馬」回家。

專案人員於是把焦點鎖定在柳忠榮身上，那兩名男子是跟他熟識的嗎？還是他被人綁架，押回家裡拿贖金，結果凶手分文未得，或者是贖金談判破裂，憤而殺人？

在專案人員追查此案期間，1980 年 12 月 21 日晚上，即案發後的第三天，案件突然有戲劇性的轉折，一個 30 歲的男子突如其來，獨自到如切警署自首，自稱跟四屍槍殺案有關。

由於這是涉及死刑的嚴重罪案，專案人員唯恐有人冒名頂罪，便對他再三詳加盤問，結果發現對方舉止怪異，前言不對後語，根本與這起案件扯不上關係，最終把他釋放了。這個男子為何沒殺人卻跑去「自首」，當真神祕莫測。

1988 年 7 月 14 日，這起五彈四屍命案提上驗屍庭研訊，驗屍官判柳家四人是遭一名或多名歹徒所殺害，至於殺人動機與凶手身分，至今還是個謎團。（按：人名皆音譯）

人肉咖哩飯

在新加坡罪案史上，沒有屍體卻能夠控告成功，把罪犯送上絞臺的是60年代的吧女沉屍案，法律系大學生洪山尼為了騙保險費帶吧女到姐妹島潛水後，吧女屍沉海底，但是查案人員還是以環境證據「釘死」了洪山尼。

80年代發生的「人肉咖哩飯」案，警方與檢方卻功虧一簣，多名嫌犯無事獲釋，被指遭殺害剁成碎片煮咖哩飯的主角，至今仍音訊全無。

要是有人這麼對你說，他殺了人之後，把屍體剁成碎片，煮成了咖哩飯。你的反應怎麼樣？你會相信嗎？

你一定會以為對方在開玩笑，在新加坡這樣文明的世界大都會，怎麼可能發生這樣匪夷所思的案件，你恐怕連隔夜飯也會吐了出來！

刑事偵查局特別罪案調查組的探員阿拉馬萊最初聽到這樣一個消息，他著實大為吃驚。可是，身為探員的他接觸過不少不可思議、意想不到的案件，何況，這是他一個可靠的線人提供的，而且是他重回刑偵局之後接到的第一個線報，他當然非常重視，不會輕易放棄。

馬萊在警界服務了 17 年，1978 到 1981 年曾經在特別罪案調查組工作過，後來才調去交通警局。1986 年因為他的舊上司石坤成助理警監從商業罪案組調來掌管特別罪案組，想起這位精明的搭檔，便向交警要人。

1987 年 1 月 9 日，馬萊在辦公室查閱舊檔案與整理聯繫網時，傳呼機忽然響了。對方是他認識多年的線人，說是有「要事」非見他不可。一見面，線人便告訴他這個令他一時難以置信的消息。

用人不疑，疑人不用，更何況這個線人過去給他的線報都是「十拿九穩」，非常可靠的。

線人透露，他知道有三個人在兩年前（即 1984 年）在烏節路一間教堂殺了一名男子，而且還分屍剁碎，煮成咖哩飯，沿街丟棄。線人還給了他受害人的姓名。

有名有姓，又有犯案地點，馬萊定了定神，整理了紊亂的思維，覺得這個線報寧可信其有，於是馬上趕回刑偵局向上司彙報。上司石坤成助理警監了解了線人的背景之後，派了彼得林光明探長協助，與馬萊聯辦此案，還吩咐馬萊每天得向他彙報案件調查的進展。

一

案件發生超過了兩年，追查物證最為棘手。

沒有屍體，沒有凶器，現場相信也已經清理得一乾二淨，幾乎所有的物證都歸零。

一切得從源頭查起，焦點只好放在受害人身上。於是，馬萊從受害人的背景著手，發現他其實已經神祕失蹤了兩年。

受害人是 38 歲的甘洛慕都，公用事業局樟宜美仁山路度假營的看守員，育有兩子一女，還在求學。妻子拉美雅絲 34 歲，是花拉公園一教堂的看守員。

翻查人口失蹤檔案的結果，報案人正是甘洛慕都的妻子拉美雅絲。她在 1984 年 12 月 18 日到如切警署報案，聲稱丈夫自 12 日說要到雲頂度假後，音訊全無。

馬萊探員花了幾天時間，反覆研究這份人口失蹤的檔案後，發現了三大疑點：

其一、甘洛尚欠公用事業局的貸款未曾還清，不太可能有多餘的錢到雲頂賭博，除非他向大耳窿（高利貸）借貸。

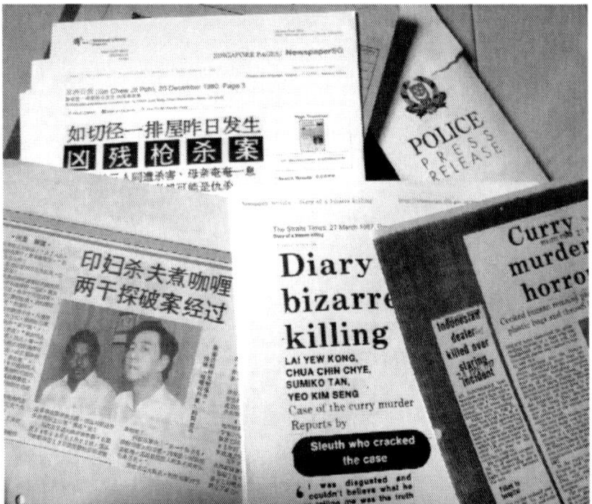

沒屍體的案件，警方徒勞無功。

其二、甘洛早已向公司申請年假，日期是 1984 年 12 月 21 日和 22 日，怎麼可能提早在 12 日出國度假而公司未接到通知？

其三、印度人向來沒有賭博的習慣，尤其是不愛玩吃角子機，甘洛之前更沒有上雲頂賭場搏殺以及欠下賭債的紀錄。

有疑點，便有破綻；有破綻，便有內幕。

雖然只是蛛絲馬跡，馬萊探員卻對破案信心滿滿！

就這樣，任誰也沒想到，一起普通的人口失蹤案，在查案人員傾力追查下，發現案中有案，而且是在兩年之後，才戲劇化地揭開真相，變成了驚心動魄的碎屍案。

莫非這就是天網恢恢，疏而不漏？

二

當年的失蹤報案紀錄既然出現破綻，報案人也即是甘洛的妻子雅絲很明顯是在說謊報假案，她被傳召問話時支支吾吾地答話，更讓馬萊探員起了疑心。

難道案件跟雅絲有關？她應該知道內情吧？

明查暗訪的結果，馬萊探員掌握了甘洛夫婦的背景與交遊範圍。甘洛嗜酒如命，喝醉之後，經常對雅絲拳打腳踢。雅絲好幾次因此離家出走，回到娘家哭訴。娘家家人，尤其是雅絲的兄弟更是不甘雅絲受到欺負毒打，數度找甘洛興師問罪，甚至動起手來。

在翻查雅絲多名家人的背景時，馬萊探員發現甘洛的一個妻舅在 1973 年因械劫罪判監 18 個月，另一個妻舅則是個屠夫，在聯邦道市場經營羊肉攤位。

馬萊探員接著依據線人提供的線索，配合從懷疑是凶案第一現場調查所獲得的資料。他大膽的推斷是：甘洛娘家家人因為雅絲受到虐待，為了報復，擬定計畫，設好圈套，殺害甘洛。凶器依據比較邏輯性的推斷，可能是剁羊肉的屠刀。至於凶手相信不止一人，因為要分屍、剁屍、煮屍及棄屍，不可能單靠一個人。

線人透露歹徒有三人，警方認為或許超過這人數也說不定。

追查凶手的身分是此案最富挑戰的一環，查案人員只能小心翼翼暗中進行，因為只要一打草驚蛇，嚇跑了歹徒，便會前功盡廢。

從 1987 年 1 月 10 日開始，特別罪案調查組探員四出，陸續傳問了 30 名可疑分子與 3 個可疑現場附近的居民，最終鎖定了兩男一女是主要的嫌犯。

直到 3 月 23 日，案情有了突破。24 日凌晨 2 時，刑偵區域性部署了迅雷不及掩耳的大規模捉人行動，特別罪案調查組探員分為五路，分頭突擊裕廊東組屋區、樟宜一間假日營的宿舍、花拉公園和烏節路兩間禮拜堂的宿舍。

整個行動歷時 7 個小時，扣留了 8 名男女。他們和甘洛都是「一家人」，包括甘洛的三名妻舅和他們的妻子，甘洛的妻子與岳母。這 8 名男女在拘留所內，最初都守口如瓶，對碎屍案的案情，一問三不知。

在查案人員盤問技巧與「疲勞轟炸」下，警方最終證實了跟此案相關的四大要點：

其一、甘洛的妻子、岳母、三對妻舅夫婦，自 1984 年 12 月 12 日上午開始，一直在烏節路靠近市區的一家禮拜堂宿舍內逗留。

其二、同一天中午，三名妻舅離開禮拜堂宿舍，留下女眷「按兵不動」。

其三、中午過後，三妻舅與甘洛共乘黃頂計程車回到禮拜堂。

其四、當晚 8 時，甘洛疑遭人用武力制服，從此「人間蒸發」。

疑是命案第一現場的烏節路長老會禮拜堂宿舍是長形的單層舊屋，已有百多年歷史，甘洛的妻子與兒女寄宿該處已有四年。查案人員與現場罪案調查人員展開寸土蒐證，卻始終無法找到凶器。

警方只好再三研究 8 名嫌犯的口供，抽絲剝繭，推斷案發的可能情景：甘洛懷疑先被人用鐵棒擊昏，敲破頭蓋骨，然後屍體慘遭斬剁成碎塊，放入鋁製大飯鍋內，再加白米、咖哩與香料烹煮。

等到碎肉「煮熟」之後，當晚 10 時，碎屍分別裝入數十個黑色塑膠袋裡，沿著禮拜堂一帶的街道，丟棄在垃圾桶內。

嫌凶這種罕見的殘酷手法相信是要以咖哩飯來「毀屍滅跡」，因為就算有人發現，也會以為他們在倒掉殘餘飯菜，誰又會想到那竟然是一袋袋的屍片？

嫌凶的手法真可說是殘酷無情又狡猾萬分！

三

查案人員雖然掌握了案發過程，但是，那不過是依據嫌犯的口供所作的推斷，欠缺的是物證，比如：襲擊甘洛的鐵棒、分屍的凶器、煮屍的鋁製大飯鍋、裝人肉咖哩飯的黑色塑膠袋，以及垃圾桶等，一件也沒法尋獲。

最重要的證物 ——— 甘洛的屍體，更是無影無蹤。

這起「沒有屍體」的案件使查案人員不禁想起 1963 年發生的酒吧女郎石菊清被殺案。當年石菊清在姐妹島潛水失蹤，同樣是在兩年後才被揭發案中有案。警方後來逮捕了她的情夫洪山尼，懷疑他為了詐騙保險金，設計謀害石菊清。雖然石菊清的屍體最終還是屍沉大海，檢方卻援引環境證據裁定洪山尼謀殺罪成，把他送上絞臺。直到今天，這起轟動一時的奇案，已成為罪案史上唯一的「無屍判死刑」的案例。

查案人員也翻查了 20 多年來發生過的分屍、剁屍與碎屍案，試圖從當中找出相似之處，以便引用來加強控訴嫌凶的力度。

在這之前總共發生了四起分屍類的案件。首起是在 1974 年因私人銀會糾紛，53 歲婦女遭弟媳砍成七截，分棄三處。弟媳的謀殺罪狀後來修改為誤殺，判監 10 年。同年，一泰國婦女在新加坡一高級飯店遭澳洲籍丈夫殺害分屍，藏在鐵箱內。後來，澳籍丈夫病危時，良心發現，才吩咐兒子向新加坡警方揭露這駭人的內情。

第三起則是起「無頭公案」。那是 1983 年 9 月，裕廊大士村蓄水池附近的叢林內，發現了一具斷頭女屍，年約 20 歲，凶手始終沒下落。第四起發生在 1985 年，同樣是 9 月，警方在里峇峇利路發現一個黑色旅行箱，內藏遭肢解的男屍。警方在 60 小時內破案，一名男子後來被控誤殺，坐牢五年半。

從以上案件中，似乎無法找出相同之處，環境證據恐怕也很薄弱，馬萊探員忽然像洩了氣的皮球，整個人精疲力竭，由生龍活虎變成了無精打采。

「要求還押，多花一點時間調查，或許會柳暗花明又一村。」

刑偵局局長查吉星安慰連月來馬不停蹄追查此案的下屬。

他猛抽著菸，心裡也是七上八下，似乎沒十足把握。

四

在警方進一步盤查之下，兩名嫌犯獲釋，剩下的 6 人在 1987 年 3 月 27 日被提控上法庭，包括死者甘洛的妻子雅絲和 3 名妻舅，他娘家的 3 名兄弟可說是「看守員世家」。

除了大妻舅是賣羊肉的屠夫之外，二妻舅是財政部樟宜假日營的看守員，三妻舅看守烏節路長老會禮拜堂，母親、妻子與子女都住在禮拜堂的宿舍內。

他們共同面對在 1984 年 12 月 12 日晚上 10 時左右，合謀在烏節路 3 號屋內，謀殺甘洛的罪名。甘洛的岳母與一名妻舅的妻子則面對教唆謀殺的指控。

不過，正如警方事前所意料，沒有實質的物證，環境證據也不足，案件再度開庭審查時，控方不得已要求法庭宣判 6 名男女嫌犯全部獲得無事省釋（釋放但不等同無罪），但並不等於完全無罪，只要控方他日找到證據，還是可以把他們重新控上法庭。

6 名嫌犯的代表律師乘機要求判他們的當事人無罪釋放。

主控官則援引 1982 年發生的「黃金三屍案」作為判例說，在這起三屍案中，當中一名嫌凶被捕時，面對三項謀殺罪名。後來，控方把這名凶嫌轉為控方的主要證人，因此撤銷了對他的謀殺指控。依據法律規定，在這種情況下，初級法院推事庭是沒有權力判他們無罪的。

6 名嫌犯興高采烈步出法庭不到三分鐘，3 名男嫌犯馬上又被特別罪案調查組探員援引刑事法（臨時條款）第 43 節條文重新逮捕，女嫌犯被這突如其來的變化嚇呆了，片刻之後，轉喜為悲，禁不住嚎啕大哭。

五

警方在 3 名男嫌犯扣押樟宜監獄期間，並未放鬆追查工作，他們在跟時間賽跑。他們知道萬一找不到真憑實據或尋不到新證據，以及沒有證人出現的話，他們遲早要釋放 3 名嫌犯。

四年，對偵查此案的探員來說，是一條漫長且艱辛的路，一切證據如大海撈針，他們迷路了。

另一方面，3 名嫌犯的代表律師開始有所行動，先發制人，在 1991 年向高等法院提呈人身保護令申請。當年 6 月，3 名嫌犯又無條件獲得釋放，保護令申請還沒批准便撤銷了，因為這對三個重獲自由的人來說，已經沒有特別的意義了。

不過，警方始終相信失蹤的甘洛肯定是遭遇了不測，要不然，他怎麼會多年來音訊全無。

甘洛在失蹤那段期間，完全沒有出境的紀錄。

30 多年了，甘洛究竟去了哪裡？

一個謎，一個解不開的謎！

兩童謎蹤

當年只有 12 歲小六學童卓鴻發與郭振安雙雙神祕失蹤一案，轟動社會以及鄰近的國家，麥當勞速食店還懸賞尋人。

當時有人盛傳兩童遭國際人肉販賣集團拐去，打斷手腳，逼他們在街頭行乞。近十年後，有個私家偵探查出了一些內幕，懷疑他們還活著，在馬來西亞遭人「控制」。

兩人是死是活，至今仍是個謎。

幾乎每一年都有人失蹤，男女老少皆有。單單在 1985 年到 1989 年，警方接到的失蹤案報告超過 9,000 起，平均一天有 5 個人離家而去，列入失蹤名單中。

在警方四處巡邏、透過報紙呼籲協助、失蹤者親友奔波聯繫以及民眾提供情報之下，近 7,000 人已經尋回。其他 2,000 多人呢？他們去了哪裡？

警方的調查顯示，失蹤的原因林林總總，一去不回的以成年人最多，他們多數因為家庭糾紛蓄意不告而別，有些百般規勸也不動心，更有的是再回頭也不要你。除此，失蹤者回家後，報案人很多都沒去或者忘記銷案，確實「人間蒸發」的人數，其實是少之又少。

在這少之又少的案件中，最引起大眾關注與轟動社會，甚至遠近國家都知悉的，便是兩個 12 歲小六學童卓鴻發與郭振安雙雙神祕失蹤一案。

30 年過去了，兩人還是不知所終，是死是活，仍是個謎。甚至他們是如何失蹤的，內情究竟又如何？

謎，一連串的謎！

一

1986年5月14日中午12時。

紐頓路附近的奧雲學校下午班開始上課時，老師點名之後，發現卓鴻發與郭振安缺席，可是，郭振安的書包卻放在他的座位上。

郭振安是在當天上午11時30分，在大巴窯1巷第170座組屋樓下等校車接他上課。他和13個同學在中午12時20分在學校側門下了車。然後，他獨自朝納福路的方向走去。

跟他同班的同學以為他像往常一樣，不是到附近商店買食物，便是找「死黨」卓鴻發一起上課，因此這個同學還自動幫振安提書包到食堂，不見振安後，又把他的書包帶進課室。

最後一個見到卓鴻發的是他的媽媽陳玉娟。陳玉娟住家離學校僅約500公尺。她在當天近中午時分，聽見愛兒喊了一聲：「媽媽，振安來找我一起上學。」然後一聲拜拜便離家了。

陳玉娟做夢也沒想到，這一聲拜拜竟會是永訣！

卓鴻發與郭振安的家人在當天傍晚不見孩子放學回來，心急如焚，跑到學校查問，可是，老師與同學都說兩人沒來上課。卓、郭兩家人始知事情不妙，連忙據情報警。

警方一接到是兩個孩子忽然不見蹤影的報案，馬上展開搜尋行動，並且廣派探員，分頭到學校、附近一帶以及卓郭兩家，進行查訪。

查案人員最初以為大概是孩子貪玩，逃課到別處玩耍去了，晚一點或許會回來。兩個孩子也可能迷了路，遲早總會回家的。

不過，校方與卓郭兩家人都表示兩人不是翹課貪玩的孩子，而且一向來出門都有交有代，從未發生過類似的情況，他們擔心孩子遭遇了意外，或者是被壞人拐帶去了。

5 天過去了，還是不見卓鴻發與郭振安回家，警方只好透過各語文報紙、電視臺與電臺，籲情大眾協助尋找，也呼籲知情者提供線索。

又過了一個星期，卓鴻發與郭振安依然音信全無，陳玉娟與郭振安的父親郭清保都因思念愛子，加上奔波操勞過度，先後病倒。他們一起透過報紙，一字一淚，哭著哀求大眾幫忙。

由於卓鴻發與郭振安年紀還小，失蹤時身上又只有上課的零用錢，連警方也擔心他們會出事，破例下令刑事偵查局接手偵辦此案。換句話說，警方已經不把此案當著普通人口失蹤案處理，而是由專門負責重大刑事案的特別小組調查。

尋人專案小組由 8 名經驗豐富的私會黨取締組警官帶領，全國警區指揮部支援，發動全國 8 警署成立小組，召集了 50

多名警官協助，啟動歷來罕見的大規模密集搜查行動。

短短幾個月內，警方傳召了 200 多人問話，不遺餘力明查暗訪。可惜還是徒勞無功。

二

警方專案小組接手偵辦此案時，便從多個角度推斷，深入調查卓鴻發與郭振安失蹤的可能性。

第一個推論是：離家出走。

卓鴻發是個獨生子，郭振安則是家中唯一的兒子，家人都很疼愛他們，對他們有求必應，百依百順。兩人也相當乖巧聽話，家人不相信他們會離家出走，何況他們從來沒有對家裡表示不滿，也從來沒試過離家不歸。除此，他們身上的零用錢不到兩塊錢，護照也沒帶在身上，他們能夠到哪裡去？就算要出走，他們也會多帶一些錢出門。

第二個推論是：貪玩出事。

卓鴻發與郭振安會不會是到學校附近的大水溝捉魚或者戲水，不幸被大水一起沖走？或者是當中一個遇險，另一個挺身相救，結果一齊遭逢不測？因為，大水沖走孩童的事件曾經發生過，大水溝亦經常有孩童下去抓魚玩樂。

不過，就算被水沖走，屍體也總會浮現，難道是沖入了大海？

卓、郭兩家人推翻了這個假定，他們異口同聲地說，卓鴻發與郭振安都很怕水，不喜歡游泳，也不愛抓魚。

第三個推論是：遭人綁票。

專案小組廣泛調查卓、郭兩家的背景、交遊情況與經濟來源顯示，兩家都不是富貴人家，尤其是郭家的一家之主郭清保，薪水微薄，省用節食，僅夠維持一家人的生活。

至於卓鴻發的母親陳玉娟，雖然有幾間房子出租，收入不錯，但也並非綁匪要下手的「肥羊」。

綁匪的目的一般都離不開要贖金，自兩童失蹤後，卓、郭兩家並沒有接到勒索贖金的電話，因此，綁票的推論根本站不住腳。

第四個推論是：尋仇擄綁。

郭清保是個腳踏實地的老實人，為人和藹，從未與人結怨。陳玉娟曾經有過一段不如意的婚姻，兩母子相依為命，她聲稱沒有仇家。

曾經有個傳聞，說是陳玉娟疑是非法放貸，借錢給對方後，因追逼太緊，對方惱羞成怒，下手「捉」卓鴻發，剛好被走在一起的郭振安看見，對方索性連振安也一塊「捉」去。

陳玉娟否認這個傳聞，警方也不認為案件跟這個傳聞有關。

第五個推論是：拐賣出國。

凡是有孩童失蹤，總會有被人肉販子拐帶出國轉賣的傳聞。專案小組人員從移民廳等部門所掌握的資料顯示，沒有兩童出入境的紀錄，而且中國的海陸空關卡防守嚴密，卓鴻發與郭振安雖然是小學生，但已經有 12 歲，不像嬰兒或比較小年紀的孩童，容易任人擺布，他們一定會掙扎反抗。即使對方用上迷藥，但要一下子把兩個 12 歲的孩童神不知鬼不覺地一齊拐帶出境，難上加難。

另一方面，假定有人口拐帶集團涉及，這類集團不可能「冒險」只是拐帶兩個孩童，他們應該有一連串的動作。可是，在卓鴻發與郭振安失蹤前後的好一段時期，本地並沒發生接二連三小孩失蹤的案件。

第六個推斷是：遭人殺害。

專案小組認為這是幾乎不可能的，因為只有 12 歲的小學生，即使非常頑皮搗亂，也絕對不可能有仇家。更不可能是他們無意間看到了不應該看到的「隱祕」而遭不法分子「滅口」。

要是他們真的不幸遇害，那麼兩人的屍體呢？總不會屍骨全無，更不可能兩具屍體一起遭「滅跡」！

這六個推斷與假定，專案小組再三深入研究剖析，抽絲剝繭，可始終無法尋獲一些實質的線索與答案。所有的推斷與假設只換來一個又一個的失望。

難道卓鴻發與郭振安真的如空氣般在人間蒸發，消失無蹤？

三

卓鴻發與郭振安神祕失蹤的案件在 1980 年代的新加坡，可說是前所未聞的一大奇案，警方在搜尋與調查所投入的警力與時間，也是前所未有的。

在他們兩人失蹤的一個月後，警方還特地要求馬來西亞警方協助，印發了 1 萬張兩童圖文並茂的海報與 4 萬份傳單，分發到新馬各地張貼，呼籲民眾一發現他們的行蹤，馬上通知警方。

1986 年底，警方還透過電視《繩之以法》首播的節目裡，上演兩童失蹤的短片。第二年，警方又多印發 500 張尋人海報給印尼警方，把搜尋範圍擴展到印尼去。多個鄰近國家與地區的報紙，也先後刊登兩童失蹤的照片與新聞。

警方專案小組並不放過任何可以找到兩童的線索或情報，一接到相關資料的電話，馬上行動。曾經一度在接獲線報後，出動了近百名人員到烏敏島與德光島進行寸土搜查。

警方專案小組也曾經依據情報，先後派人前往馬來西亞、印尼與泰國調查。因為，卓郭兩家接到可怕驚人的消息，說是有人發現卓鴻發與郭振安被人打到殘廢，流落異鄉行乞。消息甚至說，橫行鄰近幾個國家的多個拐賣人口集團，專把拐來的孩子打至殘廢或者毒啞之後，威逼他們乞討賺錢給集團。

專案小組調查的結果，粉碎了這些傳聞的真實性，認為都是空穴來風，全不可信。

警方感到棘手的是，接獲的百多個線報與電話都並非是真正的目擊者所提供的，都是口頭相傳轉告。例如沒有發現兩童的確實地點，明確日期以及目擊者的身分等等。專案小組陷入了大海撈針的困境。

另一個頭痛的問題是，兩童失蹤的時候，沒有留下一絲線索，失蹤之前也無預兆，一如「無頭公案」，專案小組有如瞎子摸象。

兩童失蹤在民間更是引起了很大的迴響。最先受到「衝擊」的是教育界。各校因此拉響了警報，紛紛提醒學生，不要接近陌生人。一些學校還採取了嚴密的外客來訪措施，規定除了學生的父母之外，其他親屬來接載學生，都得先辦理登記手續；有些學校甚至要記錄訪客的身分證。

兩童失蹤的初期，人心惶惶，很多家長都親自到學校接送子女。絕大多數的民眾都對失蹤兩童的父母寄予十二萬分的同情，只有少數無聊之輩，撥了一些騷擾電話，使兩童家人在憂傷之餘，不勝其煩。

麥當勞速食店在兩童失蹤的 5 個月後，不但懸賞 10 萬元給提供線報，能夠使當局尋獲兩童的民眾，還出錢印製兩童照片的尋人海報，張貼在全島各處。兩童的家人也懸賞尋子，賞金從 5,000 元提高到後來的 2 萬元。

各報館也在那段期間接到不少民眾通報兩童下落的電話，以及匿名的信件，還有慰問卓、郭兩家的信件，但就是缺乏實質的資料……

幾乎所有的方法都用盡了，卓鴻發與郭振安的行蹤還是如石沉大海，一點回音都沒有。幾乎所有知悉這起案件的人，包括專案小組腦海裡浮現的第一個問題仍然是：他們究竟去了哪裡？

四

卓鴻發的母親陳玉娟，郭振安的父母，最是悲痛斷腸。他們日思夜盼，寢食難安，流盡眼淚，積鬱成病，可是，依然心存一絲希望，哀求民眾協助尋找兩童。

兩童的父母，在最初的幾年，跑遍了全島各個角落，每天燒香拜佛，祈求上天可憐，讓兩童平安返家團聚，然而，換來的卻是安危未卜，思愁綿綿，哀傷無限，願望成空。

陳玉娟黯然地說，在數不清的夢裡，夢見鴻發歸來，撲入她懷裡。夢斷之時，懷裡空空，愛子幻影消失，面對的又是牽腸掛肚的殘酷現實。

「特別是在一些節日與特別日子來到時，例如新學年開學的第一天、母親節、鴻發的生日等，我都會觸景傷情，甚至在觀看電視節目，聽到劇中人在喊媽媽，我內心感到特別酸苦，淚水不由自主流了下來……」

隨著兩童失蹤時間的飛逝，提供線報與消息的電話雖然逐漸減少，卓母與郭父對愛子的惦念牽掛，卻是與日俱增，絲毫不減。

郭清保更是日益消瘦，他說：「過去，為了振安，我拚命工作，不覺得自己年事已高。如今，工作完全提不起勁，覺得自己老了很多。

「兒子在，心境好，腦子清；兒不在，心境老，腦子亂！振安是我心頭的一塊肉，誰家沒有兒女？要是真的有人帶走他們，我求他們行行好，放了兩個無辜的孩子吧！」

郭清保數度病倒入院，郭妻也終日鬱鬱無言，常對著愛子的衣物，睹物思情，暗自落淚。郭家兩名女兒，也為失蹤的弟弟擔憂，經常鬱鬱寡歡。郭清保晚年還一度中風，患上了失智症。原本貧窮的家境，也因為多年來尋找郭振安的費用，積蓄耗盡，幾乎傾家蕩產。

「活要見人，死得見屍。」

法律上雖然有規定，一個人失蹤了 7 年，可以當「死亡」論，可是，此案未見驗屍庭與相關當局的研判，卓郭兩家人堅持的是以上八個字。

兩家人至今仍然沒有放棄任何一絲尋獲兩童的希望，兩家都堅信：卓鴻發與郭振安還是好好的活著！

尤其是郭清保，他相信兒子是受連累遭人囚禁起來的，原因與動機他無法得知。他曾經激動地透過報紙說：

「每個人都是 10 月懷胎生下來的，連社會人士都同情我們兩家，為什麼囚禁振安與鴻發的人，完全無動於衷？」

他悲呼：「用手摸摸良心吧！有血有肉的人，怎可全無同情之心，忍心將孩子關了那麼久？」

他老淚縱橫地說：「或許，囚禁孩子的人如今像是捧著一碗熱湯，放下來的話，碗破湯流；不放的話，湯燙雙手。可是，我只求孩子平安歸來，以前種種，皆不計較。」

「就算如外傳的一樣，鴻發被人鋸斷手腳行乞，可是，他畢竟是我的寶貝，只要他回到我身邊，只求我再見到他……」

陳玉娟一字一淚，泣不成聲。

五

在兩童失蹤 8 年後，一度有消息傳出，說是一名旅遊界人士帶著失蹤男童的照片，讓曼谷街頭兩名斷手斷腳的啞吧乞丐確認，兩人竟淚流滿面，正要有所表示時，卻遭人帶走。

除此，又有民眾聲稱，10 多年前曾在韓國一個小城市，看見一名瘸腿青年在街頭演唱福建歌，外貌酷似郭振安，正要拍下照片時，青年已迅速被人帶走。

這些傳聞其實都缺乏真憑實據，事隔多年，兩童的形貌想必變了，或許連家人都認不出來，更別說是外人了。除此，說話的人始終沒跟警方聯繫，也未曾現身露面。

郭振安的父親也曾聽說，兒子在馬國捧咖啡遭人欺負，或是在印尼沿街乞討，不過他親自走訪尋子，都是失望而歸。郭父還曾經要求議員協助，卓母也回去馬來西亞要求華僑幫忙。新馬兩地各方都已經伸出援手，可是，兩童依然行蹤成謎。

1996 年，卓鴻發與郭振安失蹤的 10 年後，正當一般人差不多要忘記這起神祕奇案的時候，一個私家偵探的介入，揭發了一些當年不為人所知的內情。這名私家偵探名叫鄭明輝，英文名亨利。他聲稱以前在武吉班讓警署當過便衣。他在當年 4 月透過我在內政團隊的一個「線人」，要求我介紹刑偵局偵辦此案的警官給他，說是有內幕要爆。

我初步了解與翻閱了他調查的一些資料後，聯繫了當時刑事偵查局的局長蔡振杰，他二話不說，馬上吩咐重案署主任彼得林光明約見鄭明輝，重新調閱這起案件的檔案。雙方進行了多次的交流，警方專案小組也依據鄭明輝提供的資料查訪，無奈最後還是沒有兩童的蹤影。

鄭明輝私自調查爆出的最大突破點是：陳玉娟並非卓鴻發的親生母親，而懷疑「帶走」卓鴻發的是陳玉娟的前夫「阿城」，也就是鴻發的養父。郭振安在這起案件中，確確實實是受到牽連。

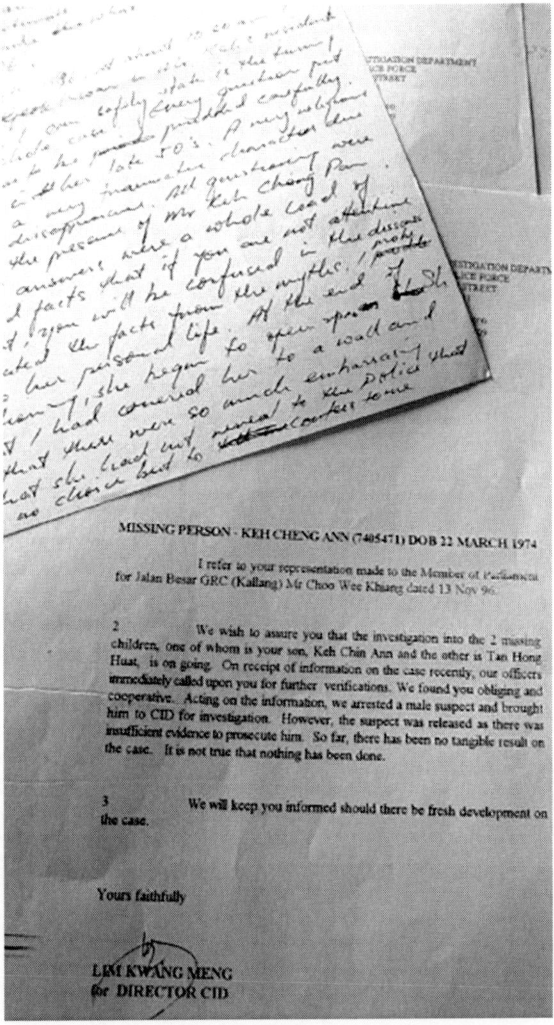

MISSING PERSON - KEH CHENG ANN (7405471) DOB 22 MARCH 1974

I refer to your representation made to the Member of Parliament for Jalan Besar GRC (Kallang) Mr Choo Wee Khiang dated 13 Nov 96.

2 We wish to assure you that the investigation into the 2 missing children, one of whom is your son, Keh Chin Ann and the other is Tan Hong Huat, is on going. On receipt of information on the case recently, our officers immediately called upon you for further verifications. We found you obliging and cooperative. Acting on the information, we arrested a male suspect and brought him to CID for investigation. However, the suspect was released as there was insufficient evidence to prosecute him. So far, there has been no tangible result on the case. It is not true that nothing has been done.

3 We will keep you informed should there be fresh development on the case.

Yours faithfully

LIM KWANG MENG
for DIRECTOR CID

私家偵探鄭明輝透過本書作者聯繫刑偵局調查兩童失蹤案。
這是重案署主任林光明的回信。

根據鄭明輝追查所得，鴻發會被「帶走」的原因，相信是因為陳玉娟與阿城的私人糾紛。原來，兩人曾經合作經營私人巴士的生意，關係後因拆夥鬧僵，阿城很可能因此「報復」，要使陳玉娟因為失去兒子而終生遺憾，受盡苦痛。

針對這個說法，陳玉娟堅稱鴻發是她親生的，但她沒有否認她曾經因為生意糾紛跟阿城對簿公堂，法庭最後判她勝訴，她口口聲聲說，她並不知道鴻發是被對方「帶走」的。

陳玉娟與阿城的背景與人脈交際頗為複雜，她曾經在歡場出入，當過吧女，外號叫美華，綽號是大肥嫂。她也被指非法收萬字票（數字型彩票遊戲）。阿城則被指是活躍在三巴旺一帶「洪順堂」的私會黨打手，身邊的女人有好幾個，原配並不是陳玉娟。他有個大老婆，但是沒有登記。他跟陳玉娟雖然登記了，但卻沒有舉辦婚禮。

同年 9 月。郭清保向他那區的國會議員要求協助，警方告訴他，他們曾經根據鄭明輝提供的線索，「逮捕」了一名男子問話。不過，多番盤問的結果，找不到實際的證據證明這男子與兩童失蹤案有關，只好釋放了他。

警方沒有透露這名男子是誰，一般相信跟卓鴻發的養父阿城脫離不了關係。但阿城在知道鴻發失蹤後，一度非常緊張，甚至託人幫忙尋訪，由此顯示，他還是難捨那段「父子情」。虎毒不食子，他總不會那麼狠心吧？

2010 年 11 月，報紙重提此案時，勾起了大眾的記憶，再度引起了迴響。

有個神祕人致函媒體稱，他曾在兩名男童失蹤前，在竹腳醫院對面的一個私人花園裡，和一名女孩玩耍。後來，他見到卓鴻發忽然遭一名男子強行帶走，郭振安也尾隨離開。

神祕人說，男子企圖帶走卓鴻發時，郭振安不斷追問，男子自稱是卓鴻發的父親，卓鴻發卻不願跟隨。

鄭明輝透露，根據他調查所得，卓鴻發父母因生意鬧翻後，關係惡劣，但兩人都很疼愛兒子。卓父經常找機會到學校探訪兒子，卓母為了讓兒子避開父親，三次替他轉校。

當年也有報導指出，卓鴻發的母親經營私巴服務時，常因搶載客得罪人，而且她也不容易相處，非法收萬字票也可能和人有錢財糾紛，因此才會有仇家為了對付她，帶走她的愛兒。

六

鄭明輝還透露，早在 1996 年他介入調查這起案件時，查出了卓鴻發的生母姓周，但她不想認回這個孩子，還說孩子既然送了人，便不打算要回來。

私家偵探鄭明輝查出卓鴻發身世之謎，
這是一張簽發給卓母的贍養費證件，在此之前，從沒見過報。

他還查出卓鴻發在新加坡出世後，便被陳玉娟與阿城乘船偷渡到柔佛，並且利用偽造的報生紙（出生證明）入籍馬來西亞，過後再回來新加坡唸書。

他根據陳玉娟提供的資料，推斷兩童被帶走的路線。

兩童相信是給當中一童的「熟人」，透過水路，偷渡到馬國。因為新馬的陸路關卡守衛與檢查森嚴，不容易明目張膽帶著兩個十多歲的孩子出入境。

兩童過後被帶到居鑾一個橡膠園去，在那裡「住」了一段日子後，兩童再被帶往昔加末一個新村。這個村落人流複雜，私會黨橫行，兩童可能已經成了「流氓」。

這起失蹤奇案各方雖然都掌握了一些線索與情報，可是卻一直無法突破。最大的關鍵是有人沒實話實說，這人或許不止一個，可能是卓鴻發的養父母阿城與陳玉娟。

鄭明輝堅信卓鴻發與郭振安還活著，兩人沒有現身跑回新加坡的原因不明，可能他們已經「習慣」了那裡的生活，也可能他們還受人控制。

他也不排除兩童可能在失蹤不久已遭毒手。

「然而，如今事隔三十多年，即使尋回兩童，他們的容貌與身分都很難再核對。兩童也不一定願意回家，他們甚至可能堅決否認，因為他們根本就已避而不見家人，要見的話，早已現身。」

郭振安和卓鴻發若還在世，現在也已40多歲，儘管他們的下落仍是謎，家人仍然懷抱希望，等著他們回家……

炸車奪命

這起罕見的案件發生在1992年。地點是勿洛蓄水池路停車場，距離鄰里警崗僅50公尺之遙。一輛汽車倒車時發生爆炸，開車男子受傷，一旁的妻子與未出世的女兒送命。

軍警人員菁英出動，調查一番後，證實案件跟恐怖襲擊無關，懷疑涉及「黑吃黑」的摩托車走私活動，歹徒傳聞是東南亞某國的殺手，至今案子未破。

像往常一樣，41 歲的體育教練葛金利早上起身的第一件事便是：沖一杯上好咖啡，翻閱報紙，享受精神糧食。

一聲巨響，讓他嚇了一大跳，連咖啡杯子也震動了一下。

「是炸彈爆炸！」

女兒邊喊邊從房裡跑到客廳來。

「是樓下的一輛汽車爆炸！」

葛金利趕忙從廚房窗口望下去，但見一輛汽車不斷冒出滾滾濃煙，一名男子從司機座位的車窗爬了出來，快步飛衝到司機旁邊的車門……

葛金利下意識的反應是，或許還有人困在車內，急需幫忙。於是，他趕緊跑下樓，男子已經從車內扶了一名婦女出來。

那名婦女雙臂皮開肉綻，鮮血滿面，連連喊痛。她的腹部隆起，顯然是有了身孕。這時，一輛警車剛好要返回附近的鄰里警崗，車上的警員見狀，連忙參與救援，並且馬上封鎖現場。

一

這起驚心動魄的汽車爆炸案是發生在 1992 年 3 月 30 日上午 8 時 48 分。地點是勿洛蓄水池路第 629 座組屋後面的停車場，距離這座組屋樓下的鄰里警崗只有約 50 公尺。

從 1980 年代開始，幾乎沒發生過爆炸事件，汽車爆炸案更是罕見，事態如此嚴重，非但警方出動大隊人馬，內部安全域性與武裝部隊也調動便衣與軍火專家，在副警察總監查吉星的指揮下，在現場展開大搜查。

救護車隨消防車到場時，救護人員發現被炸傷的婦女已經傷重不治。受害人是 32 歲的孫亞珍，她在巴耶利峇一家公司當會計員，她與丈夫及 7 歲的女兒同住在勿洛蓄水池路第 629 座三代同堂的組屋裡。爆炸的是一輛新買的日本日產汽車。

孫亞珍當時是坐在司機座位旁邊，開車的是她的 33 歲丈夫黃英明。

黃英明及時跑出車外，雖然他的手腳從車窗爬出時受了點輕傷，送往醫院敷藥後已無大礙，但是，爆炸巨響震壞了他的耳膜，影響了聽覺。

經過初步驗屍顯示，孫亞珍當時懷孕 7 個月，胎死腹中的是個已經成形的女胎，如此一來，這起炸車案奪去了一屍兩命！

軍警人員聯手初步調查顯示，炸彈是暗置在汽車前座乘客座位的車底下，黃英明當時準備開車載妻子孫亞珍去上班，沒想到車子一後退，突然發生了爆炸，結果整輛車毀不成形，扭曲成團，車頂與車底都炸開了大洞，玻璃碎片支離破碎，散落一地，有些還飛落 20 公尺以外的組屋底下空層，幸好沒有無辜的居民遭殃，只有停放在一旁的兩輛車子車窗玻璃被震碎，一株大樹的樹皮也炸開了，可見爆炸威力之大！

軍方軍火專家依據爆炸物的成分分析，炸車的炸彈並非計時炸彈，也不是遙控炸彈，而是臨時製成的土製炸彈。

二

這起爆炸案涉及政治？或者是跟恐怖活動有關聯？還是針對離現場不到百公尺的鄰里警崗？

負責調查此案的刑偵局特別罪案調查組打算從爆炸動機先查起，本地在五六十年代以前雖然發生過爆炸案，但是在汽車安裝炸彈奪取人命的則是極為少見。

汽車爆炸案在 1970 年代倒是有一起，那是 1974 年 12 月 20 日的事。

當天清晨 5 時，一輛載有布條標語和土製炸彈的奧斯汀汽車在東海岸路與史蒂爾路交界處發生爆炸，地點離開一間教堂與加油站不遠。

車內有三名被指為左傾分子的男子，一個當場炸死，雙手斷脫，全身血肉模糊，橫屍前座。另一充當司機的男子則在送入醫院後不治，還有一人帶傷逃跑無蹤。驗屍官後來判這兩名男子死於意外。逃跑受傷者後來透過友人，向傅樹介醫生拿藥敷傷。

軍火專家當時認為這輛車子可能是在行走時，車內放置的其中一枚土製炸彈的兩條電線相接觸導致爆炸。警方在車旁找到三個未爆炸的硝酸甘油土製炸彈與一幅布條，上面寫著「最嚴厲譴責蘇根鎮逼害新山南洋鞋廠工人的罪行」。案發之前一個星期，鞋廠主人蘇根鎮曾經接獲一封內附子彈的警告信。

在對比東海岸路汽車爆炸案所用的爆炸物之後，加上涉及案件的兩案的事主的背景調查，警方確定了勿洛蓄水池路炸車案跟政治或者左傾活動完全無關聯。

警方初步斷定勿洛蓄水池路炸車案純粹是個人的犯罪行為，目標也只是針對個人，同時呼籲市民不必驚慌。

警方做這樣的推斷是因為聲稱無業的黃英明之前有兩項跟大耳窿（高利貸）非法放貸活動相關的案底；一項是在 1987

年，被控之後罰款 1,000 元。第二年又再重犯，結果罰款增至 2,000 元。

難道炸車案牽涉黑社會活動？

警方決定從私怨與復仇偵查方向著手。

不過，令警方費解的是：歹徒為何把爆炸物放置在前座乘客位子的車底下，而不是放在司機座位的車底呢？

警方做了兩個推論：

其一、黃英明的汽車是停放在距離鄰里警崗不到 50 公尺的停車位，司機座位正好朝向警崗，歹徒可能擔心被執勤警員發現，識破「暗殺」陰謀，所以轉向背著警崗的前座乘客那邊裝置爆炸物。歹徒的目標可能是黃英明，結果卻陰差陽錯，孫亞珍意外被炸身亡，做了「代罪羔羊」。

其二、歹徒無意取黃英明的命，而是要把他最心愛的妻子與腹中的胎兒炸死，讓他「絕後」，痛苦一生。這一殘忍毒辣的殺人方式，對方顯然是跟黃英明有「深仇大恨」！

可是，在查案人員多次嚴厲密集的盤問下，無法從黃英明口中，得知他或者孫亞珍是否有仇敵的資料。黃英明也表示在汽車爆炸之前，他與妻子都沒有接獲「死亡威脅」，生活如常，也沒跟人結仇。

三

在調查爆炸物來源方面，警方也一無所得，查案人員開始懷疑歹徒可能不是本地人，而是外來的「職業殺手」。因為，在新加坡，炸藥是違禁品，受到非常嚴格的管制。

根據當年的法律，凡是購買炸藥必須向警方申請准證，炸藥則須由工商保全警察負責護送及儲存。除此，工業用途的炸藥在引爆時，也必須由工商保全警察現場監督，確保沒有剩餘的炸藥留在現場。

至於進口的爆炸物則規定必須儲存在新加坡南部一個島嶼，威力不大，爆炸威力比較低的爆炸物則存放在射靶場路及羅央一帶的貨倉。儲存爆炸物的地點保全森嚴，滴水不漏，常人根本無法自由出入。

依據當時的槍械與爆炸物法令，任何人非法入口爆炸物，將被控上法庭，罪名一旦成立，可判罰款多達 3,000 元及監禁 3 年。

查案人員在傳召跟黃英明夫婦來往的一些人問話後，又從移民局出入境紀錄獲得了一些資料，便從「商業糾紛」與「海上貿易」兩個角度著手調查，懷疑這些交易可能涉及「黑吃黑」，引發「殺機」。

有一傳聞說是案件或許與東南亞某一個國家的「摩托車走私」活動有關，可是，查案人員始終無法找到證據，證明這一點。

歹徒究竟是本地人？還是來自東南亞某國？案件的「黑幕」至今仍未揭開！

死亡跑道

30 多年前，兩名女子單身跑步，先後在不同年份與地點，慘遭色魔毒手；一個為保清白送命，一個被姦殺滅口，兩案至今都未破。

這類案件無疑為跑步的女生敲響了警鐘，千萬不要單身往偏僻的叢林裡頭跑，那裡很可能是一條死亡跑道！

30年前，兩名單身跑步的女子，先後在不同年份與地點，慘遭色魔毒手；一個為保清白送命，一個被姦殺滅口，兩案都未破。

沒想到，2014年1月，法庭新聞報導2013年武吉巴督鄰里公園又發生類似案件，受害人是個喜歡夜間跑步的47歲女經理，她幸保一命，卻飽受心靈重創。

強姦犯是馬來西亞籍41歲鋼鐵業督工，他獲判坐牢15年兼鞭打24下。

這三起案件無疑為跑步的女生敲了警鐘，千萬不要單身往偏僻的叢林裡頭跑，那裡很可能是死亡跑道！

● 一

1985年5月22日。傍晚6時。

夕陽殘照，灑得舊荷蘭路後面的瑪麗蘭通道一片金黃。這一帶都是豪華住宅區，附近是一大片叢林，清晨鳥語花香，傍晚霞光斜射，環境清幽，晨昏皆有不少人跑步健走，享受城市綠洲難得的自然風光。

一個長髮披肩、樣子秀美的少女，穿著運動汗衫，黑色短褲與粉紅色的跑步鞋，慢慢沿著一條窄窄的小徑輕快地跑著。

兩旁都是叢林，幾株高大的古樹遮掩著夕陽的餘暉，忽明忽暗。再跑過去便是豐永大三邑祠客家人的墳山，過膝的雜草隨著晚風拂動。晚霞和風、飛揚秀髮、健美少女，葉舞草擺，構成一幅美麗和諧的圖畫。

汗水溼透汗衫，少女嬌健的身段充滿青春的魅力與氣息。天色忽然一沉，唧唧蟲鳴，像是冷笑，古樹的橫枝像是惡魔張牙舞爪。

墳山荒野深處，似乎有對邪惡的雙眼，在緊盯著少女的身段，在「追蹤」著她的一舉一動……

二

晚上 9 時。瑪麗蘭通道一棟雙層獨立洋樓內，50 歲的張太太，一臉愁容，坐立不安。

「薇妮啊，快回來吧，別嚇媽媽了。」

張太太在客廳來回踱著方步，雙手合十，不斷喃喃自語。

薇妮是張碹麗的英文名，她年僅 18 歲，就讀於公教初級學院文科班，是個虔誠的天主教徒。她勤奮好學，樂於助人，而且品學兼優，是學校的模範生。她的父親是一家大公司的董事經理。她有個姐姐與弟弟。她在兩個月前許了個生日願望，希望初院畢業後，飛去澳洲與姐姐會合，一起深造。

薇妮熱愛健身與運動，擅長打壘球，嗜好探險活動。每天傍晚，她都會踩著腳踏車，停放在舊荷蘭路入口處的咖啡店外面之後，沿著叢林旁的小徑跑步。

她乖巧聽話，為了不讓家人擔心，跑步之後，必定準時回家。

可是，這一天，她一去三個多小時，音訊全無，怎不叫做母親的張太太急得如熱鍋上的螞蟻！張太太苦候了整夜，六神無主，失魂落魄。因為，她的丈夫正在德國慕尼黑考察業務，家裡只剩她一個成年人，遇上這種從未遇過的事情，真的不知如何是好！

她漏夜撥了幾個電話，向薇妮的好友與同學打聽薇妮的下落，但他們也都沒有薇妮的消息，他們都說在放學後便沒見過薇妮。

跟多名親友通過電話商量後，當天凌晨 4 時，張太太親自到東陵警署報案。在親友陪同下，她隨著警方人員，沿著愛女跑步的途徑，尋找愛女的蹤跡。

來到咖啡店外，愛女的腳踏車猶在，顯示她跑步未歸。可是，跑步怎麼可能跑整夜？莫非……

張太太盡力控制自己的情緒，盡力不往壞處想，但心急如焚的她，眼淚早已控制不了，如雨般紛落。

支援搜尋薇妮的警方人員增加了不少，寸土尋找了前後 7 個小時，幾乎「翻轉」了整個墳山，但仍然沒有薇妮的下落。

張太太心裡更焦急了，不祥的預感油然而生。她撥了個長途電話給丈夫時，早已泣不成聲。

三

警方最初把案件定義為「普通失蹤」案件調查，但隨著薇妮失蹤的時間越來越長，唯恐她遭遇不測，便將案件交由刑事偵查局特別罪案調查組深入加緊追查。

該組查案人員馬上從多個角度介入，由於張家頗為富有，查案人員也從綁票勒索的角度找尋答案。

一直到薇妮失蹤的 17 個小時後，終於有了答案，一個誰也不願接受的答案。

薇妮的遺體在墳山叢林深處發現了，一絲不掛，雙手被她本身的胸罩與汗衫反綁。她的臉部朝下，滿身泥漿，短褲與跑步鞋散落在附近的草叢裡，橫屍地點離開大路約 7 公尺。

尤其可怕的是，她的頸項血肉模糊，慘遭冷血歹徒砍了最少 6 刀。橫屍處草泥雜亂，留下激烈掙扎的痕跡。除此，薇妮的鼻子與臉瘀黑浮腫，顯然是在她與歹徒頑抗時，被歹徒重拳狠擊。

法醫初步驗屍查出，歹徒有企圖施暴的跡象。查案人員由此推斷，薇妮是在跑步時遇上色魔，她為保清白，奮力抗拒，結果慘遭殺害滅口，頸中多刀流血過多致死！

薇妮的父親縮短了德國業務的考察，匆匆返回家裡，他傷心欲絕，始終不願見媒體，也不願多說。

張家曾經懸賞 5 萬元，透過警察總監的名義緝拿殺害薇妮的凶手，新聞見報後，曾有多名附近居民向警方提供了一些情報。

其中一個情報是：墳山附近出現了一個「暴露狂」，曾經在多個清晨與黃昏，向路過的女子，露出不雅之物。查案人員後來逮捕了這名年輕的「露寶客」，但卻找不到他有在現場的證據跟其他相關線索，只好把他給放了。

那一段期間，墳山一帶有多個建築工地，外勞成群，有好幾個常聚集一起，對著跑步與路過的女子比手畫腳，或是吹口哨嬉笑。警方也不放過這條線索，傳問了多批外勞，結果卻徒勞無功，案子一籌莫展。

由於薇妮的父親在商場上頗具盛名，會不會因此「樹敵」，招人妒忌，特意在他到國外時，轉向他的愛女下手，作為報復？

查案人員很快否定了這一點，因為根據他們調查所得，張家上下，從未與人結怨。薇妮出殯時，前來告別的親朋戚友，多達500多人，由此可見張家人緣之佳。

除此，薇妮的家人與好友，對她的遇害深表悲痛，好多年都在報紙刊登懷念啟事，他們都如此盼望：天網恢恢，疏而不漏，歹徒早點落網。

案子在6年後呈交驗屍庭研審，驗屍官判決薇妮是遭一個或多個不明身分的歹徒所殺害。

究竟凶手確實有幾人？歹徒如何行凶？凶器又是什麼？至今都是一連串的問號！

四

2000年2月8日，農曆新年大年初二，星期天早上10時。

武吉巴督自然公園傳來一聲尖叫，是把年輕女子的喊聲。

晨運客循聲尋找，驚見一名華人女子渾身是血，躺在叢林裡。大隊警方人員接到消息趕到現場，女子已經昏迷不醒，她衣衫凌亂，頭破血流，顯然是遭人從後襲擊。

留院一個多星期後，女子在昏迷中去世，警方掌握的線索有限，案情陷入膠著狀態。

驗屍的結果顯示，女子遇襲之前慘遭歹徒姦汙，警方把案件設定為姦殺案處理，出動 600 警力，在武吉巴督自然公園展開大搜尋，同時展開廣泛調查。

警方也翻查與性暴力案件相關的檔案，包括可疑的人物。當時，有查案人員想起 15 年前發生的初院女生薇妮張碹麗為保清白遭殺害的案件，難道是「連環殺手」潛伏多年後復出犯案？

兩案的共同點是：兩名受害人都是在叢林跑步時遭遇毒手，差別只是遇襲的方式。在與法醫查證兩女遭性攻擊的部位後，警方排除了「連環殺手」的論據。

查問附近居民與晨運客的結果，有個女居民透露，她在案件發生的數天前的晚上，曾經遭一個男子從後緊勒她的頸項要對她施暴，她奮力反抗，狠狠地咬了對方的手臂，好不容易掙脫了魔掌。警方事後追查這名「齒痕男」的下落，但卻沒有著落。

警方也將那一帶建築工地工作的 1,000 多名外勞詳加盤問，最終還是沒有收穫。

遇害的是個準新娘，27 歲，英文名琳達，大學畢業後，在一家外國駐本地的石油公司當高級財務經理，原本要在兩個月內與大學同學完婚，沒想到竟從此陰陽永隔。

這起姦殺案當時轟動了武吉甘柏整個社區，基層組織籌款懸賞緝凶，從 2 萬元增加到 8 萬元。這個社區同時成立了自願巡邏隊，在自然公園與偏僻處巡邏，除了保護單身女子出入的安全，也希望可以找到蛛絲馬跡，協助警方偵查此案。

可惜，警民各方雖然已經盡了全力，直到今天，跟薇妮張碹麗遇害案一樣，仍然還沒有歹徒落網的消息！

花槽雙屍

新加坡老字號百萬金莊的兩個兒子在香港遇害，遭人分屍，暗藏花槽內，案子涉及黑吃黑，至今未破。

這是一起跨國慘怖謀殺案，涉及的「雙城」是新加坡與香港，牽扯在內的還有印尼。內情之曲折複雜，內幕之神祕離奇，至今三十多年，還是如墜霧中，真相未明，破案無期！

這是一起跨國慘怖謀殺案，涉及的「雙城」是新加坡與香港，牽扯在內的還有印尼，內情之曲折複雜，內幕之神祕離奇，至今 32 年，還是如墜霧中，不清不楚，不明不白！

一

1984 年 3 月 20 日，香港灣仔伊利莎伯大廈 26 樓私人公寓忽然傳出一個女人的尖叫，還有兩個男子的呼喝。

「不要這樣，你們千萬不要這樣……」

女的這麼喊道。

幾個住戶聞聲望了望，以為是男女糾紛口角，不過，吵聲很快又沒了，住戶都不以為意。

3 月 31 日，香港警方接到公寓住戶的報案，說是大廈 26 樓有血水滴下。港警趕到現場，發現血水從屋內一個用水泥封死的花槽滲出。這個花槽長約 2.5 公尺，寬 0.3 公尺，深 1 公尺，放在公寓露臺的窗下，用來種植花草。

撬開水泥，花槽內裡竟然埋藏了兩具用床單包裹的屍體，屍體已經高度腐臭，當中一具還慘遭肢解，雙屍的雙手皆被鐵鏈緊鎖。

很顯然這是一起謀殺案，凶手企圖毀屍滅跡，卻百密一疏，沒想到花槽底下有個氣孔，血水穿孔而出，揭發了這起雙屍案，否則，兩名受害人或許永埋花槽內。

在傳問了公寓的女業主後，港警獲知凶宅是在兩個月前出租給三名印尼男子的。簽租約的自稱是阿都卡林的遊客。

花槽旁邊散落著幾張名片，其中一張印上了史蒂芬的英文名，另一張是喬治。

不像是印尼人的名字。

埋屍的花槽上有一把鐵錘，兩具男屍的頸項都有被勒壓的痕跡。法醫初步查驗的結果，相信兩人最少已經死亡了10天。在進一步驗屍之後，發現兩人的胃內有一些迷幻藥物的成分；鑑識報告則顯示鐵錘並非凶器。因此，法醫推斷，兩人很可能先喝下混有迷幻藥的飲料昏迷之後，遭歹徒活活勒斃，而且歹徒肯定不止一個。

這類藏屍案在當年，即使是在香港也很罕見。港警最初不敢大意，馬上展開廣泛偵訊，結果憑名片從入境處查出兩名受害人原來是來自新加坡，他們在2月28日入境後，下榻在尖沙咀的帝苑酒店，兩個行李箱上掛牌的名字正是史蒂芬與喬治。

兩名受害人的身分跟著揭開了。他們是32歲的謝順發與

28 歲的謝順成。這對兄弟是新加坡金鑽界老字號百萬金莊珠寶行的少東。

百萬金莊是謝美興在 1954 年創辦的，在 80 年代初期已經開了 7 家分行，金莊業務當時還擴展到馬來西亞、印尼與汶萊等地。

謝老先生育有 5 子 3 女。史蒂芬謝順發是大兒子，1983 年結婚，妻子是緬甸籍華人，岳父是當地航運界富商。喬治謝順成是老三，在兄弟中最為長袖善舞，他精明能幹，不但為家族業務首創電腦化，還活躍於業界各團體，經常組團或隨團出國考察，業界人士都視他為後起之秀。

港警之後派了兩名重案組的高級警官親自帶了雙屍的指紋樣本與牙齒的 X 光副片，飛來新加坡進一步確定兩人的身分。他們也在刑偵局兩名幹員的協助下，傳問了謝家的家人、生意來往的商家，甚至是家庭醫生，以全面蒐集謝氏兄弟的背景資料與人脈關係。不過，新港警方對此案都很「保密」，港警甚至在來新加坡的五天內，換了入住的酒店，不但逃避報界的追蹤，也婉拒安排報界與他們見面的要求。

引起港警關注的是謝順成掉落在凶宅的名片，上面印的是謝順丞。「成」與「丞」一字之差，讓港警把調查焦點放在老三謝順成身上。

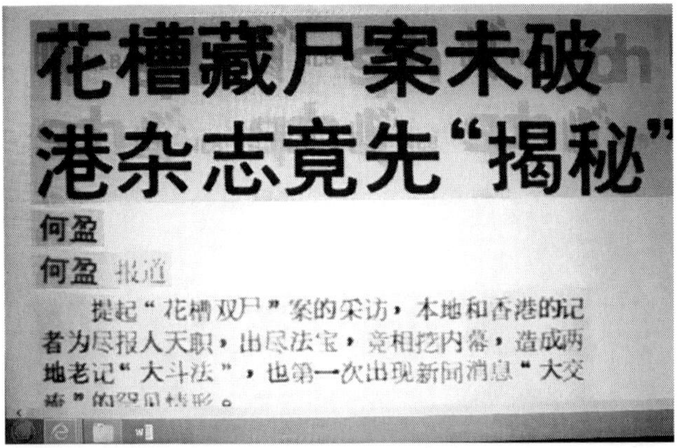

花槽藏尸案未破
港杂志竟先“揭秘”

何盈

何盈 报道

提起“花槽双尸”案的采访，本地和香港的记者为尽报人天职，出尽法宝，竞相挖内幕，造成两地老记“大斗法”，也第一次出现新闻消息“大交流”的罕见情形。

謝家兄弟在香港被殺，案件至今未破。

原來那是謝順成在 1982 年在新加坡經營一家商號叫福祿商品私人有限公司的時候所用的別名，這家公司專做「炒金」生意與黃金期貨買賣，香港與印尼客戶不少。

1983 年末，新加坡政府開始著手調查黃金期貨買賣活動，這家公司忽然宣布「收盤」。「收盤」的原因相信是因為有大客戶炒金「燒」到，索性「賴帳」不還，所「拖欠」的數額最少有 600 萬新幣，而公司並沒有受到當局調查，主要是因為客戶都在海外。

會不會是謝氏兄弟到香港「追債」不成，慘遭毒手？歹徒究竟是港人還是印尼人？

這起雙屍案雖然可以確定是跟「錢財糾紛」有關，但內情看來極不簡單，而且牽涉的地區不止一處，可是，始終沒聽說港警有透過國際刑警組織要求新加坡與印尼協助。新加坡刑偵局更以案件並非發生在本地為藉口，不願發表意見。

二

港警最初對花槽雙屍案相當關注，特地成立了一個 23 人的專案小組來偵辦此案，他們首先識破了公寓的租戶阿都卡林根本是子虛烏有，使用的是假護照與假名字。

不過，阿都卡林印尼人的身分倒是不假，因為他常在公寓附近一家印尼餐廳用餐，曾經在閒談時自稱是做炒金生意的商人。港警相信跟阿都卡林在一起的還有兩男一女。

禍端幾乎可以肯定是炒金引起，可是港警獲知的「版本」是謝氏兄弟到香港來「還債」，而不是新加坡炒金界所傳的是「追債」而來。

無論如何，謝氏兄弟赴的是「死亡約會」！

當時港警的推論是：謝氏兄弟經營的炒金生意蒸蒸日上，跟香港一家頗具規模的金融貿易公司有關聯，遇到有大戶下重注，謝氏兄弟都會向這家貿易公司「補單」。

業界盛傳，有個印尼大亨在謝氏兄弟的公司炒金，逢炒必虧，先後損失了約 2,000 萬美元，並且欠下 300 萬美元的帳未清還。

謝氏兄弟在「結束」新加坡的炒金公司後，向印尼大亨追債。大亨心有不甘，指說兄弟是向香港的貿易公司「補單」的，要還的對象應該是貿易公司。

大亨還飛去香港查問，貿易公司卻推說不知情。大亨懷疑有人用詐欺方式騙了他大筆炒金的錢，於是，反客為主，轉向謝氏兄弟追算舊帳！

謝氏兄弟曾經為了這筆債務糾紛，先後跟大亨談判了三次。

第一次是在新加坡，第二次是在印尼，最後一次是在香港。

選擇香港的主要原因是那家炒金的金融貿易公司設在香港，大亨要找貿易公司負責人對質。談判對質的結果，三方面都不歡而散。

謝氏兄弟這回更是有命去沒命回，雙雙慘死異鄉！

根據香港的消息透露，謝氏兄弟是在兩名香港珠寶商的陪同下抵港，再由香港的友人代訂酒店。可是，從新加坡傳出的消息卻說，兄弟兩人在 2 月 28 日出門，說是到中國「辦貨」，完全沒有提及要到香港一事。

這兩名珠寶商人原本約好謝氏兄弟在 4 月 1 日見面，在謝氏兄弟失蹤前夕，還一起共進晚餐。謝氏兄弟當時說是要到伊利莎伯大廈找「朋友」，但沒有說出對方的身分與尋訪的目的。

4 月 1 日那天中午，這兩名珠寶商不見謝氏兄弟赴約，撥電話到酒店也沒下落，只好作罷。

直到第二天翻閱報紙，才知道花槽雙屍案的發生，而且是發生在伊利莎伯大廈，兩人隱隱覺得事有蹊蹺，起了疑心，於是，馬上聯繫港警。不過，由於雙屍高度腐爛，兩人難以辨認，無法確定雙屍就是謝氏兄弟。

在新加坡這方面，2 月 29 日上午，老三謝順成曾經從香港撥了一通長途電話回新加坡給一名法師馬興達，通知說他會延遲在 3 月 1 日趕回國開會，商討衛塞節慶祝活動的事宜。謝順成曾經皈依佛教，馬興達是他的師傅。兩人原本約定在 2 月 29 日當晚開會。電話撥來時，法師剛好外出，由他人傳話。

除此，謝順成還一度落髮，短期「出家」，到光明山向宏船法師皈依。兩個星期後，他又忽然「還俗」，積極從事佛教的推廣活動，並且出錢出力，設立了一個私人佛教圖書室。

他的「出家」，引起業界的矚目，因為他正當紅，忽然隱退，總會傳說紛紛，多數同行認為他另有「隱情」或者「苦衷」。

喜愛宣傳的他，在落髮之前也曾經向報界形容，做生意好像是「骯髒的玩意」，他看破名利，因此要除下「充滿銅臭的大衣」。

謝氏兄弟這回到香港的行蹤頗為「神祕」。謝順成的一名友人透露，順成每個月最少飛港一次。2 月 28 日那天，聽說謝氏兄弟是跟兩男一女同行，他們還告訴酒店大堂經理，他們將在 3 月 2 日回來辦理退房手續。

謝順成的朋友只知道那兩男一女的男子姓劉，警方曾經透過珠寶界打聽其資料，但這名在黃金交易界非常活躍的男子，忽然好像在人間蒸發，音訊全無。

最弔詭的是，港警在翻查謝氏兄弟當天飛港的新加坡班機名單時，發現謝順成一個人竟然占了兩個機位，老大順發卻「榜上無名」。原來，兩個機位都是 S.S.Chia（謝順成英文名字縮寫），而沒有 S.H.Chia，是筆誤鬧雙包，還是另有原因？回程的機票則是訂在 3 月 2 日下午 4 時。

另一個叫專案小組費解的是，謝氏兄弟既然已定在 3 月 2 日飛返新加坡，那為何又約兩名珠寶商在 4 月 1 日見面？或許他們回來之後，再飛去香港？兄弟兩人頻頻來往新港，目的又是什麼？他們是跟哪些人接觸與來往呢⋯⋯

這起雙屍案一開始已經疑雲重重，離奇莫測，緊接下來更是重重的謎團！

因為，不但謝氏兄弟行蹤詭祕，連同行者與所接觸的人，個個身分都未明，來歷也不明。儘管港警透過報界要聯繫某個有名有姓的印尼華人，甚至還描繪了三張拼圖，最終還是於事無補，沒了下文。

比較可以推算的是，謝氏兄弟遇害的時間是在 3 月 16 日到 20 日之間，20 日晚上凶宅傳出的女人喊叫聲是「目擊證人」，還是凶手施展美人計所布下的「香餌」？

港警傳問了近 200 名凶宅公寓的租戶，他們透露在 3 月中旬曾見一對男女攜帶了一包水泥上樓，這對男女是否涉及「毀屍滅跡」？

一連串的疑問，令港警專案小組大感棘手。輿論的無情抨擊緊隨而至，香港一家西報的社論直指香港凶殺案破案率不高，遇害者如果不是港人，警方查案的態度「頗為懶散」。

不過，此案在偵辦期間，節外生枝，專案小組一名高級警官的汽車竟然在警署的停車場內，被人安置了土製炸彈，還好在開車時發現，及時撿回一條命！

這名警官是港島總區罪案調查組第一隊隊長陳兆年總督察，他曾經飛來新加坡蒐集資料，是花槽雙屍案專案小組的總負責人。

難道是有人要阻止案件的調查，那動機是什麼？此事還是跟其他案件有關，湊巧負責人也是他？這起「炸彈驚魂」案，究竟跟花槽雙屍案有何關聯？實在是諱莫如深，令人費解。

三

1984 年 3 月中旬，在謝氏兄弟屍體未被發現之前，在新加坡合樂路一帶的一間神廟外，停放著一輛賓士。一名 60 多歲的男子，匆匆奔入廟內求神問卜。

這名穿著體面的男子，自稱是金莊老闆，說是有兩個兒子出國做生意未歸，求問下落。

廟內的乩童叫這名老闆先燒一道「靈符」，然後口中念念有詞，搖鈴做法一番後，告訴老闆，其二子日內必有消息。

3 月 31 日那天，這名老闆又焦急地跑來，說是二子有了「消息」，不過，傳來消息的是一通長途電話，對方聲稱二子已被他們綁架，要求贖金 100 萬元。

這名老闆還說，綁匪警告他，他們對他家的一切瞭如指掌，包括家人用車的車牌號碼，如不依言照付贖金，或者報警，都將對他全家人不利……

老闆心急如焚，求問吉凶。

乩童搖了搖頭說：凶多吉少，劫數難逃！

湊巧的是，謝氏兄弟的屍體便是在這天發現的，當時金莊老闆尚不知情。

外傳百萬金莊的老闆謝美興曾經付出了贖金，一說是 50 萬新幣，一說是 2 萬美元；還有傳聞謝家曾經在東海岸路的豪宅外，接獲一封勒索包裹，內裡附上謝氏兄弟斷掌與斷指的照片，以及兄弟兩人求救的錄音帶。

謝家的家人是在接獲一個「神祕」電話後，如言到兩層樓的豪宅外的垃圾桶上，拾起了勒索包裹。那捲錄音帶傳來的是兩把男聲急促的呼叫，以英語高喊:「救，快救我們……不然，我們可沒命了！」

可是，有關勒索的事，港新警方都表示沒有接獲類似報案。謝家也並未公開透過報界否認謝家兄弟被綁的事。

至於案件為何從最初的「追債」演變成綁票，專案小組的推論是，謝氏兄弟與對方談判破裂後，對方「討債」不成，便綁了他們，等到贖金得手後，可能不滿意贖金的數額，憤而撕票滅口。

專案小組曾經懷疑案件可能有新加坡人涉及，裡應外合，把謝氏兄弟在香港的行蹤「出賣」給對方。因此，謝氏兄弟才會那麼輕易陷入「死亡圈套」，雙雙送命。

除此，放置勒索包裹與勒索電話的談話，顯示對方對謝家的背景與豪宅的環境很熟悉，要不是有熟悉新加坡壞境的「地頭蛇」參與，恐怕不是很容易辦到。

可是，專案小組只追查到從灣仔凶宅撥出去到新加坡的長途電話，超過 10 通，而且都是在 3 月 3 日以後的電話。是否是贖金談判電話？撥往哪個地區？新港兩地的警方都守口如瓶。

除此，專案小組人員始終無法找到有力的證據來支持撕票的推論，查案進度隨之時日的飛逝，裹足不前，一籌莫展。

這起案件由於港新警方與謝家，由始至終「保密」，因此整起案件案情如密封的瓶子，至今還是祕而不宣的「祕密」！

十命猛火

1984年12月，兀蘭鎮中心發生一場大火，奪去10條性命。這起慘案，是自1972年羅敏申百貨公司大火，1976年惹蘭勿剎（Jalan Besar）凡爾登路（Verdun Road）大火以來，死亡人數最多的單一火警。

據查案人員初步調查顯示，這場大火竟然是人為的，是放火狂徒的狠毒罪行！究竟歹徒的動機是什麼，此案至今仍未破，個中內情也因此成了一個謎。

十命猛火

1984 年 12 月 15 日晚上 11 時 30 分。兀蘭關卡附近一座四層樓高的 1A 大牌組屋忽然冒出陣陣黑煙。

失火的是組屋樓下的陳正發百貨貿易公司，姓陳的店主忽然嗅到濃烈煙味，他連忙起身喚醒在店內留宿的三名子女。他跟著黑煙吹來的方向查探，驚見店前鐵柵旁邊留下一些紙張和火柴。

他與子女七手八腳慌忙將火撲滅，終於阻止了火勢的蔓延，幸未釀成大火及造成嚴重的財物損失。

沒想到，陳家四口剛鬆了一口氣，還不到一個小時，即 12 月 16 日凌晨零時 20 分，不遠的第 4A 座組屋熟食中心底層的和成百貨商店突告起火，大批皮包與皮製品付諸一炬。

消防車接到電話後趕到現場把火撲滅，幸好店內沒人留宿，未造成人命傷亡。

直到凌晨 3 時 15 分，第 2A 座後面附屬組屋商店的其中三家：王成利百貨商店、萬山百貨商店和勞斯萊鐘錶店竟然也相繼起火。

正當消防員忙得不可開交時，不到 15 分鐘，1A 座的廣記百貨商店也冒出滾滾濃煙和熊熊烈火。

6 輛消防車飛趕火場增援撲救，雜亂喧鬧夾著喊火呼救的聲音劃破寂沉的黑夜，熊熊烈焰照得半空通紅，情勢非常駭人，氣氛萬分緊張。

數十名消防員與火神搏鬥，前後花了一個小時才把火勢控制。總共有 5 名男女爬牆或者攀窗逃生，一人被消防員架雲梯從火海中救出。

可是，火滅之後，出現在眾人面前的卻是悲酸心痛的場面：10 具屍體分別橫躺在燒毀的店內，當中好多具已經燒得面目全非，焦黑蜷縮！

一

兀蘭鎮中心發生的這場大火，奪去了 10 條性命，這是自 1972 年羅敏申百貨公司大火、1976 年惹蘭勿剎凡爾登路大火以來，死亡人數最多的單一火災。

羅敏申大火奪走 9 條性命，凡爾登火警奪去 8 屍 9 命。尤其嚴重的是，根據查案人員初步調查，兀蘭鎮中心大火竟然是人為的，換言之，那是放火狂徒的狠毒罪行！

被燒的 6 間商店分別坐落在兀蘭鎮中心第 1A，2A 及 4A 大牌，樓下是商店，樓上是住家，三樓與四樓是設有公共走廊的三房式組屋。

10 名男女在濃煙烈焰中活活窒息斃命，他們是分別受困在廣記百貨商店和王成利百貨商店二樓，他們因為露臺和後窗的鐵花窗緊鎖，無法開啟逃出而活活送命。

單單在廣記百貨商店內，便有 7 人逃跑不及送命，包括 53 歲的鄔為訓與 52 歲的妻子劉發娣，26 歲的三子南洲以及 23 歲的四子南強一家四口之外，還有 21 歲的女店員鄭月蓉，18 歲的菲律賓女傭蓮達，以及馬來西亞的 18 歲親戚林玉清。

在王成利百貨商店內不幸燒死的是 70 歲的老店東王盛勳、64 歲的李順娘夫婦與 15 歲的孫兒王志昌。

據目擊者向查案人員透露，他們見到王志昌在黑煙瀰漫中，跑到前面露臺的鐵花窗後面，搖動雙手求救，臉上盡是恐慌之色。過後，他消失在濃煙之中，相信他是為了要搶救不良於行的奶奶李順娘，不幸在跑回頭時受困火海喪命的。王志昌被發現死在樓梯中間，他的祖父母則雙雙橫死在後窗不遠處。

王成利百貨商店隔壁是萬山百貨商店。女少東陳潤明說，起火時，她那 21 歲的弟弟剛好上廁所，連忙把她 58 歲的母親蔡桂味和 25 歲的妹妹月妹叫醒，從後窗冒著火焰爬出，然後由鄰居用梯子協助他們逃出生天。

萬山百貨隔壁則是勞斯萊鐘錶店。店內一對在沉睡中的母女被喊叫聲吵醒，飛奔下樓，拿了鑰匙，開了前門鐵柵，雙雙逃離了火場。

據廣記三樓姓吳的住戶說，他在凌晨 3 時在熟睡中被鄰居的敲門聲驚醒，他連忙帶了妻子與兩名子女逃出屋外。他說，火燒時，他沒聽到廣記傳來呼叫的聲音。難聞的濃煙使他不斷嗆咳，跑下樓後，但見廣記店內火舌飛舞，火勢非常猛烈。

廣記 7 個人的遺體是分別在後窗和近樓梯處發現的，屍身並未燒焦，可是，前後窗的鐵花都已經上鎖，相信是在倉皇和黑暗中無法找到開鎖的鎖匙，逃跑無路之下，吸引過多濃煙氣絕的。

二

裕廊警署署長賈瑪星警監與調查主任符家逸副警監帶領一批警探前往調查，他們最初以為這不過是一起普通的火警，因此除了多派人手維持現場秩序，以防趁火打劫的事情發生之外，並沒有馬上通知刑事偵查局。

在詳細傳問了受影響的災民之後，加上查案人員發現被燒的六間店的起火時間不同，而且是從四個不同的角落失火，警方對此，大起疑心。尤其是在第一次被燒的店前，發現了一些紙張與火柴，顯示這場並不是普通的火警。

因為案情嚴重，內情不簡單，刑偵局大隊人馬應召趕到，在火場附近的停車場，設立流動緊急指揮站，除了特別罪案調查組人員，私會黨調查組主任黃錫興助理警監也介入偵辦此案。

查案人員封鎖了火場四周，罪案現場調查組蒐集了一些可疑易燃物的樣本，消防局縱火調查組經過一番偵查，斷定了這場大火確實是人為的。

10 名死者的家人過後獲准進入現場認屍，10 具屍體並排，慘狀怵目驚心。法醫黃慶寶初步驗屍發現，大多數死者都是因為受到濃煙侵襲，缺氧窒息身亡。

發生十命猛火慘劇的地點剛好是在兀蘭巴士轉換站後面，消息傳開後，人人都搖頭嘆息，指責放火狂徒的心狠手辣。

究竟放火狂徒的居心何在？

死者的家屬都表示費解，因為 10 名死者都未曾與人結怨，而且他們在生意上也沒跟人發生衝突與不愉快的事，尤其是廣記百貨店東鄔為訓，他向來熱心公益，王盛勳夫婦又年邁力衰，怎麼會有結下如此「趕盡殺絕」的仇敵呢？

鄔為訓是三巴旺集選區公民諮詢委員會的財務，為人慷慨，富正義感。在三巴旺聯繫所籌建新所時，單靠他一個人便籌了 60 多萬元。他也擔任過三巴旺華人體育會的副主席、財務。他育有五子二女。

鄔家友人曾呼喊鄔為訓將鑰匙從樓上拋下來，好讓他們協助開啟前門逃生，結果只看到他的人頭在後窗閃了一閃，跟著整個人便倒了下去。

特別令警方關注的是，兀蘭中心的這場大火是短短三個星期以來發生的第四起縱火案件。兩個星期前，同樣屬於裕廊警區管轄範圍的裕廊與文禮，連續發生了三起縱火事件，當中兩起發生在文禮購物中心，受波及的三間服裝店，損失約 50 萬元。第三起發生在裕廊園景路一家百貨商店，損失估計 10 萬元。

在兀蘭新鎮中心燒毀的六間商店也都是百貨公司，所不同的是，前三起被燒的主要是服裝店，而這六間則以皮製品為主。

耐人尋味的是，為何遭殃的都是售賣服裝和皮製品的店鋪？縱火者會不會是同一個人或者是同一夥人？歹徒手腳那麼快，是否是「職業縱火者」？他們來去無蹤，是否一犯完了案便往關卡逃去馬來西亞新山？還是他們是從長堤彼岸過來縱火？

警方把此案列為「縱火殺人」性質處理後，全島追緝放火狂徒的行動隨即展開。

三

這場大火蔓延的範圍並不算很廣，可是，為何 10 名死者無法及時逃出火場？

據查案人員與消防局現場調查所得，著火的 1A 與 2A 座四層樓的建築物，二樓商店住家的前面有個露臺，唯一的緊急出口全靠銜接底層商店的一道洋灰製成的樓梯。不過，店屋樓上住家兩旁的圍牆都是密封的，兩旁沒有門，也沒有出路。

因此，一旦火燒，只有從樓梯往下跑，然後開了前門或者後門逃生。

問題是，店內一般都存放了貨物，為了防止貨物失竊，樓下前後門都緊鎖之外，樓上露臺與後窗的鐵花窗都加了鎖頭。

電流要是在火災時中斷，黑暗中要摸索器材來撬開門，或者找鎖匙開啟鐵花窗，在驚慌失措之下，要保持冷靜，按部就班逃出火海，恐怕很不容易。

另一方面，由於商店「密封」的關係，火焰與濃煙無法往外頭冒出散開，火和煙都往屋內捲去，整個屋子像「火爐」，不燒死也會「悶死」。

由於這場大火奪去了 10 條性命，受到各方的關注，在警方偵查火警真相期間，當中王成利百貨公司的親人投訴，指稱消防員只顧滅火不救人。

消防局局長林明樂最終召開記者會澄清，強調救人是首要任務。

林明樂還說，只要有1.28%的煤氣散布在空氣裡，那麼，在一到三分鐘便可奪人性命，或者使人進入昏迷狀態。像發生火警的這類店屋，只要有3.05方尺的著火範圍，在空氣不流通的情況下，煙霧可以在短短的三分鐘，滿布於容量5,600立方英尺的建築物內，因此這場火燒的範圍雖然不廣，但是火勢蔓延的速度很快，濃煙擴散更快。

他還透露，他親自在現場指揮救人救火時，聽到一把小孩的呼叫聲從濃煙中傳出，他馬上命令下屬把雲梯架到小孩那邊，把他救了下來。消防員在王成利百貨外面展開滅火行動時，並沒有看到有人站在窗前呼救，他們撬開樓下店屋的鎖頭，入內把火撲滅。

經過好幾個月的追查，這起縱火案的偵查工作仍然毫無進展。1985年，警方懸賞5萬元緝拿縱火狂徒，可惜，重賞之下，也不見成效。

1985年11月7日，驗屍庭研訊這起案件。根據警方與消防局聯手調查顯示，廣記、王成利百貨、和成與陳正發百貨這四間店燒毀的貨物上並沒有易燃液體留下的痕跡。

驗屍報告則顯示，鄔為訓、王盛勳、李順娘及王志昌的血液裡，含有大量的一氧化碳，他們都是因窒息身亡，其他六人則是因為嚴重燒傷後窒息而死。

驗屍官曾承光從 10 名死者的血液樣本分析報告、火災報告以及科學服務局的化驗報告中，無法確定火警是否是由易燃性液體所造成，也無法找出起火點以及起火的原因，於是將此案判為懸案。

雖然這場大火仍未能查出是否人為因素所致，但曾承光依據庭上各造呈上的證據，相信這次大火後面必定有罪魁黑手，他著令警方務必查個水落石出。

午夜香魂

案件發生在 1950 年代，揭發這起命案的是已故傳奇作家韓素音的第二任丈夫里昂・康柏，他當時還成為案件的主要證人。

死者是個受過高等教育的才女，出身於檳城名門望族，當過英文報紙的副刊記者，後改行業旅遊顧問，還兼職保險代理。她人脈關係廣，活躍於中上層社會。

奇女、奇案，如今超過了半個世紀，留下的是曲折離奇，以及解不開的謎！

「我的朋友被殺了！」

1958 年 12 月 14 日中午，一個高頭大馬的外國人衝進了如切警署，滿額大汗，對執勤警員這麼說。

警員一聽是嚴重罪案，連忙通知上司，錄取這名外國人的口供。

報案人說，他名叫里昂 · 康柏 (Leon Comber)。

當日的執勤警官覺得這名字很熟悉，可一時想不起對方是何方神聖。其實，時間也不容許他多想，他馬上帶領了一隊探員，趕到命案現場。

那是加東與蒙巴登路交界附近莫摩路的一棟獨立式洋房，內有三房一廳。一具女屍橫躺在後面臥房的床沿，上身赤裸，僅穿牛仔長褲，褲鏈已扯斷，雙手被胸罩反綁，頸項則被一條粉紅色的布條繞了一圈，布條末端塞入她口中。她身上沒有明顯的傷痕，僅臀部瘀青黑腫。

警方抵達時，她早已氣絕，隨後來的法醫估計她已經死了六到七個小時。死因懷疑是遭人扼殺斃命。

由於死者是半裸遇害，警方覺得案件內情必定不簡單，於是通知刑事偵查局凶殺案取締組 (特別罪案調查組前身)。

一

死者的身分隨著揭開了。她英文名叫泰瑞莎，姓胡，原名亦尼，30 歲，出身於檳城的名門望族。她受過高深教育，早年畢業於檳城修道院女校，結婚後與夫婿負笈美國。她在哥倫比亞大學攻讀了兩年的新聞學。學成後，她在 1955 年返回檳城，當時是隻身飛返檳城，過後來到新加坡。1956 年進入英文午報《星洲虎報》當副刊記者，負責婦女版的專訪工作。一年後辭職，她轉行擔任旅遊顧問，還兼職保險代理。

命案發生的洋房屋主是個阿拉伯籍富商，三個月前把洋房出租給泰瑞莎，每月租金是三四百元。在 1950 年代，這樣的租金是相當昂貴的，因為一個普通薪水階級月薪最多也不過是百多元。泰瑞莎平日以「飛雅特」汽車代步，在外人看來，這樣的生活相當奢華，相當於現在的「單身貴族」。

泰瑞莎的臥房內有張大床，整棟洋房布置華麗，陳設高雅。牆上滿掛西洋近代名畫，廳內櫥櫃尚放置了一塊畫板，而且還有一個擺滿名酒的酒櫃。

查案人員發現泰瑞莎的汽車完好地停放在院子裡，除了她橫屍的臥房內凌亂一片，有遭人翻搜的跡象之外，最可疑的是浴室的玻璃窗，因為有兩片窗葉被人移動過。

泰瑞莎僱有女傭琳達管理家務，她向查案人員透露：泰瑞莎為人樂觀，非常友善。泰瑞莎尤擅於交際，人脈很廣，男女朋友都有，當中也有不少外國人。

琳達每逢星期六上班半天，星期天休息，故此有關泰瑞莎週末的行蹤以及所發生的事情，她一無所知。

查案人員也從泰瑞莎一些朋友的口中，包括報館的前同事所給的資料，發現她不但交遊廣闊，而且來往的人也很複雜，各階層都有。她是友人口中的「奇女子」。甚至傳聞她當過伴遊女郎，她的保險客戶包括軍警長官、著名賽車手以及各種不同國籍的名流富商。

在遇害之前，她計劃在家裡開設私人俱樂部，專門提供旅遊諮詢服務，她還在西報刊登徵聘廣告，聘請助手以及房客。她被殺時，正好有整十個人前來應徵，他們吃驚之餘，都被警方傳召局內問話。

其實，在命案發生的前兩天，即 1958 年 12 月 12 日星期五上午 8 時 30 分，泰瑞莎曾經約見所聘用的旅遊諮詢服務的員工彼得陳金財到她家商量業務。

陳金財因為工作未完成，改期在兩天後，即 12 月 14 日星期天中午 11 時 50 分上門。他抵達時，只見大門開了一邊，一份西報亂丟在走廊，但泰瑞莎的汽車還停放在庭院，他想她大概還在屋內，便上前敲門，卻無人回應。

他拾起了報紙坐在大廳沙發上翻閱，約 5 分鐘後，屋內沒有動靜。他以為她出門去了，只好離開。他可萬萬沒想到，她已經死在臥房內！

二

查案人員從泰瑞莎閨中密友周貝蒂口中，掌握了一些比較重要的資料。周貝蒂是個英校教員，也一樣來自馬來西亞，她與泰瑞莎曾經一起在福康寧坡基督女青年會宿舍同房多年。

她告訴查案人員，泰瑞莎就寢時，喜歡也習慣赤裸上身，僅穿長褲。她有時會在週末回來陪泰瑞莎過夜，因此知道她有「裸睡」的習慣。

泰瑞莎所租的洋房外表看來豪華，其實，周貝蒂說：泰瑞莎並不富裕，經濟有時還周轉不靈，汽車是分期貸款的，尚有餘款未清。除此，泰瑞莎也打算把空置的兩間臥房分租出去，以便有額外的收入。

出事前一晚 8 時多，周貝蒂因為要回吉隆坡老家，便與男友登門向泰瑞莎告別，並且邀請她前往歡送舞會。

泰瑞莎婉拒邀約，表示她已經事先有約。

泰瑞莎當時穿著一襲上衣與圍裙，她在 9 時左右曾經回覆了兩通電話，對方都是男人。第一通電話，聽口氣對方好像是從大世界遊藝場打電話過來，泰瑞莎回應說約會取消，展期至下週一晚上。第二通電話是另一把男聲，好像從快樂世界遊藝場打來，泰瑞莎答應應約，還吩咐對方開車前來載她。

泰瑞莎有問周貝蒂是否要搭順風車，周貝蒂與男友不想麻煩她，回說不必。後來，周貝蒂看見一輛黑色的汽車抵達，駕車的是個印度人。

周貝蒂認得這名男子，因為泰瑞莎曾經介紹這男子給她認識，只不過匆匆打招呼，忘了他的名字。

查案人員在這之前，曾經在泰瑞莎的臥房帶走一本記事本，內裡有上百個聯絡電話。查案人員從中縮小範圍，根據周貝蒂的口供，找出了一名印度男子。這個個子矮小的男子名叫吉斯，是個商人，也是最後一個跟泰瑞莎接觸的人，查案人員希望從他口中，找到此案的突破點。

傳問吉斯的結果，查案人員大為失望，因為吉斯的口供對案件的調查，並沒有很大的幫助。

吉斯很直接告訴查案人員，他的確是載泰瑞莎外出的那個男人，他不明白為什麼她會特地主動約他外出。在泰瑞莎被殺的前一晚，他要送一批貨物到貨船去，泰瑞莎堅持要跟他同行去「看熱鬧」。他們先喝酒聊天了一陣，才將貨送上船。過後，他載她回家，當時已經接近午夜時分。

吉斯說，他曾經跟泰瑞莎有兩三次約會，他強調他們只是普通朋友，只因為他對旅遊諮詢業務也頗感興趣，大家志同道合。

查案人員反覆研究了泰瑞莎幾個朋友的供詞，都覺得沒有什麼可疑之處，決定再傳召最先揭發命案的目擊者，看看是否有忽略與遺漏的地方。

三

最先揭發命案的外國人里昂．康柏原來也是赫赫有名、有頭有臉的人物。他是國際知名作家韓素音的第二任丈夫。他在二戰期間是英國情報局軍官，官運亨通，最高升至助理警察總監。

里昂．康柏曾經在新馬一帶的情報局與警察特別單位，以及政治部服務。他精通中英文，說得一口流利廣東話。他著作等身，是《馬來亞華人私會黨幫派》一書的作者，也是研究新馬與香港華人習俗以及早期的私會黨專家。

凶殺案調查組主任拿納辛甘對里昂·康柏的名字覺得耳熟，是因為里昂·康柏剛在幾個月前，應名律師馬紹爾之邀，上法庭充當私會黨專家證人。當時，馬紹爾與三名律師在為八名被告辯護，這八人被控參與三合會的非法聚會。

由於里昂·康柏是命案的關鍵證人，他所提供的線索或許對案件的偵辦有所突破，因此查案人員非常謹慎對他詳加盤問。

里昂·康柏為何會出現在泰瑞莎的香閨內？這是查案人員極想知道的原因。

里昂·康柏稱說，泰瑞莎約他上她家共進午餐，因為她要他協助挑選前來面試的應徵者。誰知道，等到他赴約登門造訪她時，發現她已經香消玉殞。

提起認識泰瑞莎的經過，里昂·康柏透露：他是福康寧坡成人教育局的教育官。泰瑞莎是在被害前一個星期，拿著神父的介紹信來見他，信中要求他協助她創辦旅遊諮詢服務的事。過後，他跟她有過三到四次的約會。

就在兩人認識的那一天，里昂·康柏便已接受泰瑞莎的邀約，上她家喝下午茶。數日後他也赴約到她家共進中餐與晚餐。有一個晚上，兩人為了旅遊諮詢業務，交談至凌晨 1 時。

里昂．康柏最後一次登門是在12月14日中午12時40分，他到她住所，只見到鐵門半開，他把車開入院子，下車呼喊數次，始終無人應門，他只好走進屋內，然後發現大門沒關，臥房卻反鎖。他後來從浴室望進去，驚見泰瑞莎的屍體，於是慌忙開車到如切警署報案。

里昂．康柏在報案時，並沒有提到他在揭發命案之前，曾經在泰瑞莎家裡的浴室沖涼，直到案件提上驗屍庭時才曝露此事。

當時，里昂．康柏的解釋是，他因為專注向執勤警官憶述發現屍體的詳細過程，因此沒特意提起這件他認為不是很重要的細節。

他說，他在12月13日星期六傍晚6時，答應泰瑞莎他會在第二天到她的家共進午餐。他在電話裡告訴泰瑞莎，他中午習慣去丹娜美娜游泳跟太陽浴，泰瑞莎怕他回家後再來，時間上趕不及，因此吩咐他在游泳之後，可以上她家沖涼。

星期日那天中午12時40分，里昂．康柏開車到泰瑞莎的公寓，停放在她的飛雅特汽車旁邊。來到門口，他發現大門已開，他喊了多次泰瑞莎的名字，但都沒有回應。他以為她還在熟睡，於是，直接到浴室沖涼。

梳洗之後，他回車內，拿了當天的報紙與一盒冰淇淋回到泰瑞莎的公寓。他還開了冰箱，把冰淇淋存放了進去。他信步走到當中一間空置的客房，這間客房可以通往廚房與浴室，也可以望到泰瑞莎的臥房。一望之下，但見泰瑞莎已經一動也不動了。

里昂．康柏強調說，他沒有踏進泰瑞莎橫屍的臥房內，他沒有在命案現場馬上撥電話報案是因為如切警署距離凶宅不遠，他寧可親自向警方人員當面說明。

四

查案人員試圖從多個角度，推斷這起命案的動機與過程。

他們最先從泰瑞莎臥房內的家具翻動跡象著手調查，相信泰瑞莎在遇害之前，曾經跟凶手反抗，雙方有過激烈掙扎。

於是，查案人員以劫殺案角度偵辦此案，但卻無法肯定泰瑞莎失竊的財物。由於通往泰瑞莎臥房的浴室窗口玻璃片被移開了兩葉，查案人員並沒有完全排除歹徒可能是入屋打劫。

浴室門上與窗口，發現好幾個模糊不清的指紋，當中一個是屬於里昂．康柏的。但是，經過仔細調查後，覺得像里昂．康柏那樣高大的身形，根本無法從浴室窄小的通風窗出入，因此，推斷凶嫌很可能是個子矮小的男人。

查案人員雖然曾經把目標鎖定在個子矮小的印度商人吉斯身上，但是從他的口供中找不到破綻，也沒有他在命案現場的證據。

難道是私怨？情殺？還是慘遭劫色？

泰瑞莎在檳城的家人聲稱胡家從來沒跟人結怨，哪來的仇家？泰瑞莎的兄長胡約瑟說：家人包括泰瑞莎從未與人發生糾葛，泰瑞莎時常會寫信回檳城老家，彙報近況。他並不知道她曾經跟哪個男子來往，也不清楚她是否有親密男友。

胡約瑟還透露，泰瑞莎曾經向家人投訴，她被私會黨徒威脅騷擾，不勝其煩。不過，警方否認命案有黑幫介入，表示沒有接到類似的投訴。

查案人員也從劫色這點展開調查，懷疑死者不願就範，不甘受辱，極力反抗色魔而遭凶手滅口，可是最終也無法找到確實的證據。

中央醫院病理學家相信泰瑞莎是在午夜左右遭人殺害，死亡時間推算是清晨五點到六點，因為警方到場調查時，尚發現廚房餐桌上留下五包炒麵。桌上杯盤狼藉，當中四包已吃光，只剩一包未開啟。

查案人員的推斷是：泰瑞莎午夜回家後，聽見有人敲門，她出去應門，相信看到對方是「熟人」。她在毫無防備之下，帶對方入屋，兩人聊了一陣，過後，不知道發生了什麼事，她最後慘遭殺害。

凶手犯案後，把臥房反鎖，移開兩片玻璃窗葉，然後越窗逃跑。凶手應該只有一個人，因為窗口只能夠容納一個人進出。凶手不從前門逃走，最大的原因是唯恐被鄰人瞧見，行跡敗露。因此，案發後，前門還開著。

泰瑞莎相信是先遭凶手襲擊，對方怕她聲張，剝下她的胸罩，將她反綁，最後又用布塊將她活活勒死，還用布塊的末端塞入她的口裡。

查案人員後來又做了另一個推斷：泰瑞莎也有可能是在上床後被殺。因為泰瑞莎的好友周貝蒂最後見到她時，她衣裙整齊。窗戶不可能是泰瑞莎開啟的，因為她要裸睡，習慣把門窗都關上。

泰瑞莎在當晚 9 時由吉斯載走，直到午夜 12 點回家，從此再也沒人見到她，究竟在這段時間以後發生了什麼事，又有誰知曉？

1959 年 2 月，警方懸賞 5,000 元追緝凶手，可是，重賞之下，還是沒人挺身而出，提供破案的情報。

同年 5 月 27 日，案件提上驗屍庭研訊，泰瑞莎的家屬與里昂‧康柏都各自聘請了律師列席。

里昂‧康柏在浴室留下的指紋一度成為庭上的焦點，但是驗屍官卻認為這只能說是里昂‧康柏不幸剛好到該處涉及此案，因為泰瑞莎身上並沒發現可疑的指紋，現場也沒有充足證據可以懷疑里昂‧康柏或者其他的人是殺她的真凶。

驗屍官判定泰瑞莎是死於一人或多人之手，最後判此案為懸案。

泰瑞莎的遺體在命案發生後，由家人運返檳城家鄉，長埋在一教會的墳地，跟她早在 1945 年去世的一個弟弟為鄰。

至於里昂‧康柏後來跟韓素音離婚，他在獲得博士學位之後，成為國際上多個學術研究機構的顧問以及著名的出版商。曾經在南洋大學執教的韓素音在 2012 年作古，里昂‧康柏晚年則在澳洲定居。

奇女、奇案，如今超過了半個世紀，留下的是曲折離奇，以及解不開的謎！

伴遊無蹤

五名新馬伴遊女郎，1978 年被幾個日本人「包」上船，如今將近 40 年了，始終未曾現身，芳蹤杳然，像是迷失在茫茫大海中！

這起當年被形容是最嚴重的懸案發生後，傳出跟國際賣淫集團的活動有關，涉及的國家與地區包括中東、日本、韓國、朝鮮、香港以及新馬泰一帶。國際刑警也參與查案，但是依然沒有下文。

22 歲的美容師陳海倫做了個噩夢，半夜驚醒後，無法安眠，眼巴巴望著天花板，直到晨曦初照。

「戴安娜怎麼還未回來？」

戴安娜是她的好友，先前邀她一起出海參加遊艇派對，她因有約在先婉拒了，可是，戴安娜徹夜未歸，令她感到不安。她思前想後，撥電話向戴安娜工作的私人「俱樂部」查詢，俱樂部的「媽咪」（負責人）楊貴英回覆說，她也沒有戴安娜的消息。

海倫越想越不對勁，慌忙向水上警署報案。水警之後把案件交由大巴窯警署跟進。

大巴窯警署查案人員最初把案件設定為普通人口失蹤案處理。在聽見海倫說「失蹤」的不止是戴安娜一個人，而是五個人的時候，發現此案內情並不「普通」，於是向刑事偵查局彙報。

由於案情的嚴重性，警方把「普通失蹤案」提升為「集體擄拐案」性質，優先重點處理。

一

失蹤的是五名伴遊女郎，包括一個新加坡人及四個馬來西亞人，她們是：24 歲的新加坡女子黃金葉，洋名戴安娜。馬國四女是：阮娣（22 歲，又名阮玉芳）、司徒黛珍（19 歲，又名小玲）、王月珠（19 歲，英文名瑪格烈）和葉美玲（22 歲，又名珍珍）。

五女表面上自稱是伴遊女郎，其實她們並不在伴遊公司工作。她們的伴遊公司是家私人俱樂部，設在克里門梭道一豪華私人公寓內。警方登門突擊調查，發現這家俱樂部並沒有伴遊執照。俱樂部的所謂伴遊女郎，陪客的代價是一個小時 100 元左右。

經過一番調查，警方確定了三個男子的身分。當中一個是華人，是私人俱樂部的常客，他自稱是香港富商。由於他出手闊綽，打賞錢不少，又會討好伴遊女郎的歡心，因此，大家對他印象深刻。他之後介紹了兩個外表斯文的日本男子，稱說是他生意上來往的好友。

就在 1978 年 8 月 19 日那天，三人向私人俱樂部「買鐘」，說是要在遊艇上開派對，歡送日本的生意夥伴回國，於是挑選了戴安娜等五女，代價是每人每小時 100 元，另外還打賞每個人一枚鑽戒。

出發前一天，這三名「豪客」還帶五女出去逛街購物，他們怕五女不敢赴約，還口口聲聲「擔保」只求她們「上船」，而不會強行要她們「上床」。

三男五女先登上一艘電動舢舨在新加坡港口兜風遊船河，接著登上停在東海岸停泊處的貨輪，沒想到，這一出海，五女再也沒有回來，也回不了頭了。

警方傳問那一帶的船伕所掌握的資料，有人最後見到五女登上的不是遊艇而是貨船，最後見到的時間是 1978 年 8 月 20 日凌晨，船是朝印尼的方向開去。除此，警方也查出當中一名日本人在飛來新加坡之前，曾經在印尼的棉蘭訂了飛機票，但後來又取消了。這個日本人這樣的做法顯然是故弄玄虛，好讓警方人員摸不清他的行蹤。

新加坡警方過後曾經要求印尼大使館與印尼水警協助追查，可惜貨船早已無影無蹤，而目擊者也記不起貨船的船號與船名。警方的偵查方向猶如大海撈針，只好再從其他角度追查，並且把四名馬國女子失蹤的資料傳給馬國警方，兩國聯手偵辦這起離奇的五女失蹤案。

由於充當伴遊社的私人俱樂部「問題多多」，查案人員最初懷疑五女失蹤案可能涉及「不道德交易」。伴遊加上「特別服務」賺外快已經是公開的祕密，這起案件難道又是一起「色情買賣」？

五女已經不在場，俱樂部內找不到可以支持這個論據的證物，查案工作的進展可說是徒勞無功。

在調查五女的人脈與背景方面，戴安娜的母親說，她只知道女兒是當理髮女郎，根本不知道她後來轉行業伴遊。女兒自己一個人在外頭住已經有兩年半，通常每個星期六都會回家來探望她，而且每個月還給她 100 元家用。

失蹤那天剛好是星期六，戴安娜曾經打電話給母親，說是要參加派對，不回來看她了，沒想到這個是訣別電話。

至於四個馬來西亞女子的家人，也異口同聲表示，女兒已經成年，離鄉背井謀生活，她們從未透露行蹤，因此家人都不清楚她們在外頭做了什麼事，直到警方通知，家人方如夢初醒。他們也表示並不認識、也沒見過跟女兒一起的失蹤者。

二

五名伴遊女郎失蹤 10 天後，在岌巴船廠附近海面，距離五女登船處不遠，浮現了一截斷掌。警方最初懷疑跟五女失蹤案有關，趕到現場撈起斷掌，發現斷掌果然是屬於年輕女性所有。在交給法醫檢驗與對比指紋之後，證實跟失蹤五女並不吻合。

經過一個月的調查，警方在當年 9 月，正式要求國際刑警組織協助追查涉案的四名男子的下落。

警方要找的三個日本人，當中兩個 40 多歲，一個 20 多歲。三人已證實是使用偽造的國際護照進入新加坡，他們在入境表格上填報的職業是商人。

警方查出，這三個日本男子的當中兩人在入境之後，住在統一酒店，另一個住在半島酒店。香港男子則會講華語，他也是以偷來的護照入住半島酒店。這人應該是扮演「龜公」的角色，把五女介紹給三日本男子。

根據警方當時的推斷：自稱日本遊客的很可能是跨國犯罪集團的成員，五女可能已經被這個集團轉賣到以孟買為中心的國際人肉販賣集團，再轉售到中東國家或者日本及南亞一帶當性奴了。

警方與國際刑警相信五女失蹤案是龐大人肉販賣集團所為是有所依據的，因為就在新馬五名伴遊女郎人間蒸發的兩個月前，日本和澳門等地也驚傳類似少女失蹤的案件。這些失蹤少女來自日本、澳洲、印尼、菲律賓以及泰國。

國際刑警透露，澳門警方在展開的反黃行動中，偵查到三名妙齡女子也是在跟一名日本男子出外用餐後，離奇失蹤的。這個日本男子也是以鑽戒為餌，引誘女子上鉤赴約後，將她們擄拐出境，跟新馬伴遊女郎被騙上船的伎倆，極為相似。

澳門失蹤的三名女子中的兩人是珠寶行的職員，另一人是三溫暖室的泰國籍按摩師。澳門警方過後查出這名日本男子自稱名叫福田，並且根據目擊者的描繪，做了素描畫像，交給國際刑警組織向報界釋出。

畫像中的男子戴著一副眼鏡，外表斯文。香港警方也揭發類似案件，而新加坡則是首次成為這個集團下手的目的地。

日本的反彈很強烈，東京警視廳馬上出面否認有日本人涉及此案，因為犯案者所持的都是偽造的國際護照，持照人的身分應該也是冒名的，而且還指稱那些所謂日本人其實是華人。警視廳甚至表示，國際刑警組織並沒有提供有力的證據，證明日本人涉案。

不過，根據日本媒體當年的報導，日本警方確實曾經在東京多家公寓的房裡，拯救了九名泰國女子。當中一些女子透露，她們是被迫賣淫的。日本其他地區也發生多起同類案件。中部甲府一家酒吧內，三名菲律賓女子被警方救出火坑，她們也曾被迫兼操醜業。但警視廳沒有公布陷入火坑的女子的確實人數。

據國際刑警組織提供的情報顯示，人肉販賣集團把這些失蹤女子轉賣各地的賣淫組織後，這些「性奴」被強迫簽下五年合約，或者必須賺夠 50 萬新幣後，才准許她們恢復自由身。

這一系列案件的揭發，一度引起國際刑警與國際社會的高度關注，可是，國際刑警追查了三年，無奈始終沒有結果，最終在 1981 年放棄了五名伴遊女郎失蹤的跟進行動。

三

五名新馬伴遊女郎究竟是被賣淫集團擄走？還是涉及「不道德的交易」？

這起當年被本地警方形容為「最嚴重的懸案」，儘管警方透過多個管道，廣布線眼調查，五女的生死與下落，始終沒法確定。

一直到了 2003 年，這起沉寂了 25 年，幾乎教人遺忘的五女神祕失蹤案，忽然又有消息傳出。

原來一名美國前逃兵查理斯在日本京都的電視訪談中，驚爆亞洲女子被賣淫集團擄拐的內幕。他聲稱他在北韓境內，見過當中一名失蹤的馬國伴遊女郎。

這名美國逃兵查理斯已經 70 多歲，他曾經在北韓與南韓邊界服役。後來，他與其中一名當年離奇失蹤的日本女子結婚，夫婦倆從 1965 年在北韓居住，2004 年遷居日本東京。

他也透露，他的日本妻子也是受害人，她在 1978 年被擄拐到北韓，而五名新馬伴遊女郎也是在同一年失蹤的。從妻子的口中，他得知各國女子失蹤的內幕。他的一個同僚也是個逃兵，在澳門娶了一個泰國女子，而這個泰女便是當年澳門警方反黃行動中營救出來的。

查理斯向媒體揭發此事，目的是希望相關當局能把她們從淫窟中救出，幫助她們重獲自由，重見天日。

查理斯向日本電視訪員透露，他在 1981 年於北韓一家「1 美元」的商店見過失蹤女子之一的阮娣，那時阮娣已經大約 50 歲了。

當時，訪員出示他國際刑警在報紙上釋出的失蹤五女照片，他立刻認出阮娣左眼旁邊的一粒痣。他說，他也見過一些從泰國、黎巴嫩與羅馬尼亞的女子遭綁架到北韓。

日本訪員過後透過日本駐馬來西亞的特約撰稿人，聯繫上當時馬華姓張的拿督，對方則馬上通知失蹤者的家人。阮家家人向馬來西亞外交部求助，而國際刑警也再次聯繫上馬國當局。

馬國駐平壤官員表示，他們沒聽說過失蹤女子在北韓出現的事情，除此，平壤對媒體與消息的來源，管控與限制嚴密，不容易找到證據。當時，馬國駐北韓大使館設立不到三年。

查理斯的爆料雖然引起了新馬及泰國相關當局的關注，重新燃起追查五名失蹤伴遊女郎下落的希望，可是，在多個機關的溝通與交換情報後，一切又歸於平淡。幾方面都沒有了下文，因為多個機構都認為，這只是查理斯一面之詞，缺乏實際的證據來印證他的發現。

如今，將近 40 年了，五名失蹤女子始終未曾現身，她們芳蹤杳然，像是迷失在茫茫大海中！

血鸚啞證

兩夫婦被殺，只有一頭鸚鵡見證。文中所提的電話清洗公司，不知你還有印象嗎？當時還有洗電話小姐，惹來不少風波。女死者經營電話潔淨公司，是否跟這些小姐的糾紛有關？

案件發生在 1974 年，地點是中沓魯附近的齊賢街，是丈夫跟人有仇？還是妻子與人結怨引起？凶手仍然逍遙法外。

牠的名字叫 Lucky（幸運），是隻白腹紅羽的雌性鸚鵡。

Lucky 平日最喜歡呀呀學語，主人說一句，牠跟一句，有時還高興得猛張雙翼，噗噗不停，像是笑聲不絕。

18 歲的學生孫佩佩，快走進家門時，似乎聽到連聲悲啼。

「是 Lucky 呀，怎麼啦，嚇著了？」

這一天是 1974 年 6 月 19 日晚上 9 時 50 分。

中峇魯附近的齊賢街，寂靜清冷，街燈黯淡，星月無光。

孫佩佩與母親雙雙緩緩走向第 79 座組屋二樓，母女倆在當晚 7 時 30 分，結伴搭巴士去珍珠坊逛街購物，家裡剩下哥哥孫開華與嫂嫂林月華，還有最小的三歲姪女。

想起小姪女那張可愛天真的笑臉，孫佩佩恨不得趕快回家，逗她玩樂。因此，她三步當著兩步，幾乎是奔跑著回家。

可是，Lucky 的啼聲，卻教她心裡微感不安，腳步跟著慢了下來。

終於到家了，大門如常上了鎖，她拿鑰匙開啟門之後，眼前的一幕，把她嚇得心驚膽跳，魂飛魄散。

只見兄長孫開華倒臥在臥室，全身是血。嫂子林月華則橫屍在廚房地板，也是渾身浴血。

孫佩佩定了定神，好不容易站穩了腳步後，馬上撥電話報警。她的老母親在旁，早已全身顫抖，半晌說不出話來，跟著放聲大哭，引來了左鄰右舍，大家見狀，亂成了一團……

屋後陽臺掛了個鳥籠，Lucky 邊跳邊鳴，狀似受了驚嚇，牠是在為慘死的主人哀號？還是看到了殘酷恐怖的殺人過程？

一

女皇鎮警署人員與刑事偵查局特別罪案調查組幹員先後抵達現場，但見案發的三房式組屋樓下與樓梯間血跡斑斑，一直滴到孫家的大廳。

在展開調查後，查案人員發現孫宅的兩間臥房、陽臺、大門及樓下都留下了好幾個斷斷續續的血腳印，查案人員也在臥房與廚房套取了一些可疑的指紋，而林月華遺體旁邊散落了一撮毛髮，查案人員也小心翼翼地用塑膠袋密封。

躺在血泊中的夫婦全身刀痕累累，36 歲丈夫孫開華身著背心睡褲倒臥在客廳地板上，臉頰與面部布滿傷痕，喉嚨與左頸動脈開了個血洞，鮮血泉湧，恐怖駭人！

他的 26 歲妻子林月華伏屍在廚房地上，臉朝向後門，頸項洞穿，背部也被劃開，血流不止，慘不忍睹。除此，孫宅的天花板濺了點點滴滴鮮血，腥味撲鼻，聞之欲嘔。

孫佩佩在現場告訴查案人員，案發那天傍晚，哥哥與嫂嫂下班回家，跟往常一樣，兩人手牽著手，一副甜美幸福的神態，沒想到，不到三個小時，這幅幸福的畫面變成了血淋淋的場景，與兄嫂瞬間陰陽永隔，恍如作了一場噩夢！

查案人員在張宅展開嚴密的蒐證工作，但並沒有發現遭人破門的痕跡，不過兩間臥房好像被人翻搜過，客廳非常凌亂，桌椅與一些物件都倒落一地。

孫佩佩在仔細檢查之後，告訴查案人員她的一條附帶金牌的金鍊已經不翼而飛。她說，兄嫂為人和藹，夫婦非常恩愛，沒聽過他們曾經跟人吵架。

據查案人員了解，孫開華夫婦育有兩個女兒。4 歲長女由住在大巴窯的岳父母看顧，3 歲小女兒在滿月之後，交託給 43 歲的鄰居伍章好保母照料。案發當天上午 9 時，鄰居見到夫婦倆把女兒交給保母，然後一齊上班。

當天傍晚近 7 時，孫開華夫婦下班後，把女兒接回家共聚天倫。同晚 8 時 45 分，夫婦倆把女兒抱回來給保母餵奶。保母過後抱著孩子下樓散步。

伍章好說，當時，孫開華夫婦有說有笑，林月華還親吻女兒告別。孫開華穿著背心與睡褲，依在門邊，向女兒招手說拜拜。做夢也沒料到，這一吻別，這一聲拜拜，在一個小時後，竟成永訣⋯

二

孫宅兩間臥房，陽臺及廚房在案發後雖然一片凌亂，但是前後門沒有被人撬開損壞的痕跡。除此，孫開華放在家裡的700 元現款及林月華一批總值不低於 5,000 元的珠寶首飾原封未動。要是真的入賊，應該不只偷去佩佩一條金鍊。

查案人員無法找到證據支持「劫殺」的推論，便把偵查方向轉向「仇殺」這方面做深入調查。

這對夫婦的親友曾經向報界透露，他們懷疑孫開華夫婦可能在生意上「樹敵」，或者是夫婦倆蒸蒸日上的生意，招惹同行的妒忌，買凶要取他們的性命！

孫開華，同行都習慣叫他「阿禮」。他原本在大坡馬吉街成豐棧（新）私人有限公司飼料部門當經理，勤奮工作了十多年，遇害前不久與友人合夥另起爐灶，開商行做生意，近年來一帆風順。他豪爽好客，經常出入夜總會款待顧客。

林月華是家中的長女，在諧街經營一家電話洗潔服務公司，手下有一批清潔電話女郎。這一行在那個年代剛剛興起，因此生意也一天比一天好。

長袖善舞的夫婦倆都嗜好跳舞，兩人交遊廣人緣好，各自的事業如日中天，因此招人眼紅，引來殺機，也不無可能。

另外，這對夫婦，男的高大英俊，女的美豔動人，私怨是否含有桃色成分，也是查案人員切入調查的角度。

夫婦倆在親友眼中是對恩愛鴛鴦，自 1970 年結婚以來，兩人相敬如賓，沒聽說過大吵大鬧的事。

現場未有凶器留下，但從掀翻了的桌椅與飛濺天花板及牆壁的血跡看來，夫婦倆顯然跟對方人馬曾經有過激烈反抗。孫宅客廳沙發被人移動過，林月華身邊倒了兩張椅子，由她死時臉朝後門的情況推測，可能是她在見到丈夫遇害後，企圖從後門太平梯逃跑，而掄起椅子反抗對打，但她是個弱質女流，哪裡是凶殘之徒的對手？因此最終她還是遭遇了毒手。

病理學家佘漢昭醫生在詳細解剖夫婦倆的遺體後，發現孫開華身上共有 19 道傷痕，包括頭、頸和胸部。林月華身上則有 18 處傷痕。兩人的致命傷各有五處，只要有一處便足以奪命，而且致命傷都是在頭部，因頭殼破裂流血過多不治。

這些傷痕不可能是夫婦倆各自砍傷的，也不可能是夫婦兩人打架互相砍刺造成，更不可能是當中一個殺了另一個後自殺。凶器很可能是斧頭，但是佘漢昭醫生無法肯定是一個或者多個歹徒揮斧活活砍死這對夫婦。

鄰居從頭到尾未聽到孫宅有異聲，查案人員懷疑歹徒是夫婦倆所認識的熟人，才能不動聲色，登堂入室，在殺了當中一人後，一不做二不休，再殺另一人滅口，然後無聲無息，從容逃去。以孫開華高大強壯的身形推測，歹徒最少有兩人，才能同時或者先後制服夫婦倆。

命案發生後，並無目擊者向警方提供有利的線索與情報，凶手又沒有留下凶器，致使警方在破案工作方面，感到困難重重。

是丈夫孫開華與人有仇，還是妻子林月華與人結怨？從夫婦倆的傷口看來，凶手早已經失去理智，亂刺狂砍，斧劈鴛鴦，似有深仇大恨，非置兩人於死地不可！

查案人員再三到現場取證時，只要一靠近鳥籠懸掛處，總會聽到噗噗拍動翅膀的聲音，夾雜著嘰嘰悲啼，翅上的羽毛在陽光照射下，似血般通紅。

牠便是「幸運」鸚鵡，牠遊目四望，像是要告訴查案人員什麼似的；可是，人不懂鳥言，鳥不識人語，人鳥相對皆啞了！

就像這起雙屍命案的重重疑問，至今還是啞謎！

小知識【CID 一二事】

刑事偵查局（Criminal Investigation Department，簡稱 CID），是新加坡家喻戶曉、罪犯聞風喪膽的名字。

刑偵局最早成立於 1864 年，原名是「警探署」（Detective Branch，福建話俗稱「暗牌厝」），1901 年改名至今。

隨著科技日新月異，犯罪伎倆層出不窮，刑偵局數度改組，目前共有重大罪案、特定罪案以及科技罪案等八個署。

當中以重案署最受矚目，被形容是刑偵局的菁英單位。

重案署舊稱私會黨取締處，五六十年代細分為福建幫派、廣東幫派以及馬來與其他幫派調查組，其屬下「凶殺案調查組」（Homicide Section），成立於 1950 年，主要偵辦謀殺案。

1970 年，凶殺案調查組易名「特別罪案調查組」，（Special Investigation Section，簡稱 SIS），除了謀殺案，也負責綁架和重大天災人禍。該組分 5 小組，共有警探不到 40 人。

2002 年，匪黨取締組（Organized Crime Branch）解散，特案組接手調查和軍火相關的案件以及有組織的罪案。

除此，罪案現場調查組、罪犯檔案組、刑事情報組、肅娼組、肅賭組、盤問組、提控組以及內部調查組等，都已先後改組。

跟警方查案有密切關聯的法醫部門、科學服務局以及法證鑑識組等則屬於衛生部，亦隨時代的挑戰，改組易名。

小知識【審訊制度一二事】

新加坡在 1965 年 8 月 9 日獨立後，仍然沿襲英國的司法制度。死刑的審訊制度亦隨時代和情況有所改變。比較重要的變革（截至 1990 年代）包括三大項：

一、1969 年 12 月 26 日，陪審團制度廢除，死刑案件改由兩名高庭法官聯審。

二、1989 年 4 月 18 日，死刑案件改由一名高庭法官或者司法委員審理。

三、1989 年 4 月 21 日，廢除死刑案件向英國樞密院上訴的制度，改由本地最高法院上訴庭三司會審。

電子書購買

爽讀 APP

國家圖書館出版品預行編目資料

驚天懸案，新加坡社會案件全紀錄：警界探長之死 × 四童冤殺案 × 人肉咖哩飯 × 五女伴遊失蹤……新加坡社會多年懸而未決的疑案，至今真相不明！ / 何盈 著 . -- 第一版 . -- 臺北市：崧燁文化事業有限公司 , 2024.10
面； 公分
POD 版
ISBN 978-626-394-902-7(平裝)
1.CST: 刑事案件 2.CST: 犯罪 3.CST: 個案研究 4.CST: 新加坡
585.8　　113014329

驚天懸案，新加坡社會案件全紀錄：警界探長之死 × 四童冤殺案 × 人肉咖哩飯 × 五女伴遊失蹤……新加坡社會多年懸而未決的疑案，至今真相不明！

臉書

作　　者：何盈
發 行 人：黃振庭
出 版 者：崧燁文化事業有限公司
發 行 者：崧燁文化事業有限公司
E-mail：sonbookservice@gmail.com
粉 絲 頁：https://www.facebook.com/sonbookss/
網　　址：https://sonbook.net/
地　　址：台北市中正區重慶南路一段 61 號 8 樓
8F., No.61, Sec. 1, Chongqing S. Rd., Zhongzheng Dist., Taipei City 100, Taiwan
電　　話：(02) 2370-3310　　傳　　真：(02) 2388-1990
印　　刷：京峯數位服務有限公司
律師顧問：廣華律師事務所 張珮琦律師

定　　價：299 元
發行日期：2024 年 10 月第一版
◎本書以 POD 印製
Design Assets from Freepik.com